12天理财精进

方铭辉 _ 著

中信出版集团 | 北京

图书在版编目（CIP）数据

12 天理财精进 / 方铭辉著 . -- 北京 : 中信出版社，2020.9

ISBN 978-7-5217-2034-1

Ⅰ . ① 1… Ⅱ . ①方… Ⅲ . ①私人投资 Ⅳ . ① F830.59

中国版本图书馆 CIP 数据核字 (2020) 第 121986 号

12天理财精进

著　　者：方铭辉

出版发行：中信出版集团股份有限公司

（北京市朝阳区惠新东街甲4号富盛大厦2座　邮编　100029）

承 印 者：北京诚信伟业印刷有限公司

开　　本：787mm × 1092mm　1/16　　印　　张：18.75　　字　　数：206千字

版　　次：2020年9月第1版　　印　　次：2020年9月第1次印刷

书　　号：ISBN 978-7-5217-2034-1

定　　价：59.00元

如果我有一个亿

很多人都做过关于发财的“白日梦”，幻想着有朝一日忽然获得一笔财富，自己该如何享用。“如果我有一个亿”成了很多发财梦的命题。这个“白日梦”并不荒诞，它反映了人们对财富的美好追求。当财富来临时，孩子们希望买到期盼已久的糖果和玩具，而成年人想要的会更多，比如买一套大房子、买一辆好车、来一次环球旅游等，这些都属于报复性消费。在报复性消费之后，人们会继续假设自己如何利用剩余的财富来满足自己漫长的一生所需。

很多人通过微博、短视频的方式分享了“如果我有一个亿”的理财方式，最常见的版本就是把一个亿的本金存入银行，靠支取利息满足日常生活所需。还有的人晒出了明细账单，1 亿元人民币由于数额巨大，在很多银行可以获得协议存款，即不按照中央银行的基准存款利率定价，而是按照本金长期整存、定期领取利息的模式和银行谈定一个更高的利率。如果按照 4% 的利率计算，1 亿元人民币的存款每年可产生 400 万元的利息，确实是一笔看上去相当可观的收入，每年只需花销利息即可，三四十年后本金依然是 1 亿元，足以传给自己的子孙后代。

然而现实真的那么美好吗？

在现实中，经济发展会带来居民收入的增加，同时会伴有通货膨胀。我们无法准确预测 1 亿元在三四十年后的购买力，但我们可以把今天的 1 亿元还原到三四十年前。2019 年中国城镇居民人均可支配收入是 42 359 元，而这一数字在 30 年前（1990 年）是 2 140 元，在 40 年前（1980 年）是 762 元。相当于近 30 年中国人均收入翻了 20 倍，近 40 年翻了 56 倍。现在让我们把今天的 1 亿元按照收入水平的比例换算到 1990 年，就变成了 505 万元。巧合的是，在 20 世纪 90 年代福利彩票非常流行，最高奖金就是 500 万元。也就是说，今天的一个亿正好相当于 30 年前的 500 万元，可见虽然时代在变，人们的财富梦想的实际购买力却没有发生本质变化。我们再把今天的 1 亿元按照收入水平的比例换算到 1980 年，就只有 180 万元。在 1980 年如果拥有 180 万元，也确实算得上是富甲一方了。但是如果在 1980 年把 180 万元存进银行靠吃利息过上富足的生活，直到 40 年后的今天，还拿这 180 万元的本金，可能连全价购买一套二线城市的房子都负担不起了。

看到这里，是不是吓得美梦都快惊醒了？

其实，真正有能力赚到1亿元的人，通常是不会把钱全部存在银行里的。他们大多会选择将资金继续投资在自己熟悉的产业上，或者用于拓展新的事业疆土。他们会快速赚取更多的1亿元。普通人遥不可及的梦想，其实不过是一些人的一个小目标而已。造成这种差距的原因，就是财富理念与认知上的差异。

一个人的财富理念与认知，决定了他/她驾驭财富的能力。如果财富理念与认知和掌握的财富不匹配，即便在短期获得了巨额财富，也会在短期消逝，并不能在长期获得真正意义上的财富。相反，如果具备驾驭财富的能力，即便是白手起家、收入有限，随着经济的发展和收入的增长，在现金、保险、房产、投资等方面合理规划，也能通过日月的积累实现财富的增长，享受幸福的生活。

白日梦很美好，但总有梦醒时分。是否能获得财富，或许和运气有很大关系。但能不能守住财富，却和自己的财富认知相关。这本书的目的，就是通过12天的阅读，帮助你掌握一些理财的能力与技巧，提升财富认知。在如今的生活中，理财已然成为一种必备技能，甚至比外语和驾驶更加重要，因为理财这项技能直接关系到每个人的生活品质。

就让财富，从遥不可及的梦想，变成每个人唾手可得的目标。

目录

DAY 01

现金管理可以这样玩

DAY 02

银行理财的五门秘籍

DAY 03

公募基金的选基大法

DAY 04

保险配置的最优方案

DAY 05

巧用贷款 实现弯道超车

DAY 06

信托与专户的入场券

DAY 07
私募基金的资本盛宴

DAY 08
股票与期货的万花筒

DAY 09

房产投资的取经之路

DAY 10

跨境投资与全球配置

DAY 11

有关理财的一些知识

DAY 12

享受理财，拥抱生活

DAY 1

现金管理可以这样玩

¥ · € · $

正在消失的纸币

纸币曾是一项伟大的发明，但纸币终有一天会消失，而且这一天已经不远了。纸币的作用是满足交易过程中的货币支付，而移动支付正在逐渐替代纸币的功能。

人们曾用贝壳、兽皮、盐等通货作为货币，而后使用过包括金、银、铜在内的金属，慢慢发展到纸钞。在这个漫长的过程中，货币越来越标准化，越来越便于携带，越来越难以伪造。人类的智慧与社会文明，在货币发展的历程中体现得淋漓尽致。

而今，货币正在向着一个近乎完美的方向发展，那就是彻底消失，被电子货币和移动支付手段所替代。至此，货币再也不需要被携带，假币也将彻底消失，资金通过扫码实现隔空传送。这一切来得太快，不用说十年前的我们还无法想象货币会以这样一种形态存在，即便是在今天，发达国家的外国朋友们对于中国目前移动支付的普及程度也是瞠目结舌。

纸币的消失对理财会有什么影响呢？

纸币的消失会强化人们的理财意识，会刺激活期资金的理财

需求。我们知道，当资金以纸币的形式存在时，其数额是不会增加的。也就是说，实物形式的纸币是没有利息的。只有把资金存进银行，才会产生利息。从获取利息的角度考虑，人们应该减少纸币的持有量，把钱都存进银行。但是出于支付和交易的需要，在纸币时代，人们又不得不持有一定量的纸币现金。移动支付的出现，使人们无须再持有纸币，人们可以把资金全部放在银行账户中，从而产生利息。纸币没办法进行理财，但只要资金在银行账户中，就可以随时进行理财。资产管理机构推出了各类理财产品，能够满足投资者不同期限、不同风险偏好的理财需求。以余额宝为代表的货币市场基金快速赎回服务，更是掀起了货币理财的一次大浪潮。而这一切，只需要在手机上操作就可以完成。

一个全民理财的时代正在到来。你准备好了吗？

货币的四个指标

想要玩转货币理财，首先要了解货币的四个指标。

专业人士在谈起宏观经济时，经常会把 M0、M1、M2 挂在嘴边，非专业人士表示听不懂。其实这些术语是用来反映货币供应量的重要指标。

M 是货币的英文 Money（或 Monetary Aggregates）的简写。M0 代表流通中的现金，它的学术定义是通货发行额减去金融机构库存现金，也就是在银行体系之外流通着的现金，可以简单地理解为人们手中的纸币，其本身就是处于流动状态的资金。

M1 是狭义货币，是 M0 与机构活期存款之和。M1 也是可以随时使用的资金，只不过纸币可以随时随地交易，M1 需要借助银行系统来交易。

M2 是广义货币，是 M1 与准货币之和。准货币包括了定期存款、个人在银行的各项储蓄存款以及证券客户保证金。准货币可以理解为单位定期存款和个人储蓄存款之和，使用这部分资金需要先将其转换为活期资金或现金，才能自由流通。

M3 是 M2 与其他短期流动资产之和，其他短期流动资产主要是具有高流动性的证券和其他资产，比如国库券。

M0、M1、M2、M3 这四个指标都是用来反映货币供应量的，区别在于从 M0 到 M3，流动性是逐级递减的。

为了更清楚地理解这四个指标，可以看一下它们的关系：

M0 = 流通中的现金

M1=M0+ 机构活期存款

M2 =M1+ 准货币（单位定期存款和个人储蓄存款）

M3 =M2+ 其他短期流动资产

理财是以货币为基础的，所以我们很容易将上述货币供应量的概念对应到我们的理财上，将我们个人手中的货币也分为四个层次。为了便于区分，我们用 M’ 代表个人手中的货币（如图 1–1）：

M’0 = 现金

M’1=M’0+ 活期存款

M’2 =M’1+ 定期存款

M’3 =M’2+ 国债 + 货币市场基金

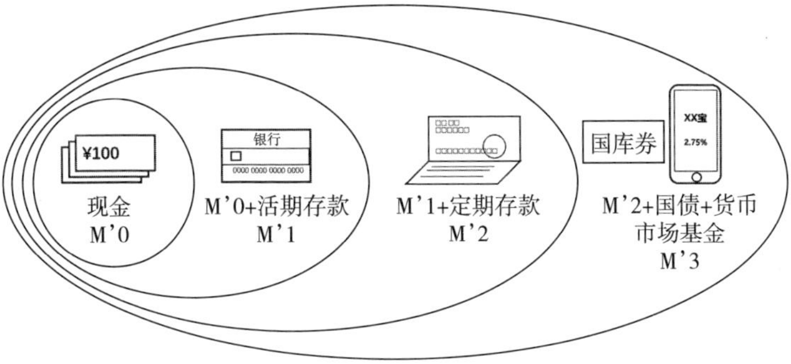

图 1–1 M’0、M’1、M’2 和 M’3 的关系

从 M’0 到 M’3，流动性逐渐递减，收益不断提高。所以，流

动性和收益就像鱼和熊掌，难以兼得。但是，以余额宝[①]为代表的T+0 快速赎回模式和移动支付的普及，使得鱼和熊掌兼得成为可能，人们开始同时享受 M’0 流动性和 M’3 收益的盛宴。

货币市场基金

1971 年，美国华尔街的两位金融顾问布鲁斯·本特（Bruce Bent）和亨利·布朗（Henry Brown）设立了一个特殊的共同基金——储蓄基金（Reserve Fund）。这只基金主要投资于货币市场工具，其目的在于替代银行储蓄存款。这是全球第一只货币市场基金。在设立之初的两年时间，基金并没有受到广泛关注，直到 1973 年《纽约时报》（*New York Times*）刊文报道了这只基金，人们才发现了这种新奇有趣的基金形式，虽然收益并不高，但风险低，而且流动性非常高，与其把钱存在银行的储蓄账户，不如投资于货币市场基金的性价比更高。此后，货币市场基金火遍美国。

由于当时美联储通过 Q 条款对储蓄存款和定期存款利率设置了上限，导致短期国债收益率明显高于存款利率，货币市场基金因为收益可观而经历了一次飞速发展。1982 年，美国货币市场基金总规模达到 2 350 亿美元，第一次超过了股票型和债券型共同基金。1982 年年末，美联储修订 Q 条款，货币市场基金在收益上的

---

① 余额宝是蚂蚁金服开发的一项应用于支付宝平台的货币类理财工具，本质是货币市场基金。

优势突然消失，导致基金总规模急剧下降。

此后，美国证券交易委员会允许货币市场基金使用摊余成本法计算基金净值。如此一来，货币市场基金就能够永久保持1美元的净值，而不受市场波动的影响，使其看上去更加安全可靠。1987年，美国股市萧条，资金寻求避险，再度涌入货币市场基金，使货币市场基金再度迎来了一次规模增长的高潮。

中国的第一只货币市场基金诞生于2003年。起初，货币市场基金的优势并没有被人们广泛发觉，直到10年后其被作为互联网金融基本理财工具，并赋予快速赎回的超强流动性，货币市场基金火遍全国。

如果要用一句话描述货币市场基金的特点，可以这样说：**货币市场基金具有近似活期存款的流动性和超越定期存款的收益**。前文已经提到，流动性和收益就像鱼和熊掌，是难以兼得的，但是货币市场基金的出现使得投资者完全可以同时享受流动性和收益性。那么货币市场基金是如何做到兼顾两头优势的呢？不妨看一下货币市场基金的投资范围：首先包括银行存款、结算备付金等现金资产；其次包括同业存单、短期国债等在内的短期限债券类资产；另外还涵盖了买入返售等其他金融资产。这些资产组合的收益率很容易超越同期定期存款的收益率，在2013年资金紧张的时候，货币市场基金的7日年化收益率甚至突破过7%。由于货币市场基金投资的资产都有严格的久期[①]限制，因此很容易变现。而货币市场基金本身又是开放式基金，每日可申购赎回，T+1日也就是第二天就能到账，

① 关于“久期”将在第11天中详细介绍。

流动性

收益

如果有垫资服务，基本可以像活期存款一样实时到账，因此实现了鱼和熊掌的兼得。

货币市场基金以其兼具流动性、收益性和安全性的优势成为中国公募基金市场上规模最大的一类基金，尤其是蚂蚁金服推出的余额宝，把货币市场基金的特点发挥到极致，用户数超过 7 亿人次，真正实现了普惠金融。货币市场基金就好比中国的高铁，以其安全、快速的性能，在 700 公里以内的范围秒杀其他交通工具。

你跑赢通胀了吗?

通货膨胀（简称通胀）率是货币超发部分与实际需要的货币量之比，主要用以反映通货膨胀或者货币贬值的程度。在经济学上通常用消费者价格指数（Consumer Price Index，简写为 CPI）来衡量通货膨胀的程度，在我国 CPI 的全称为居民消费价格指数。

苹果去年每斤 5 元，今年变成了每斤 6 元，这就是通货膨胀最常见的一种情况。老百姓觉得苹果贵了，购买力下降了，所以大多觉得通货膨胀不是一件好事。其实不然。通货膨胀往往意味着经济增长，与职工薪资上涨、消费需求上涨等因素相关，只要能够保持适度的温和增长，对于宏观经济而言反而是一种积极的信号。但是反映到消费端，通货膨胀确实带来了物价的上涨，尤其对于热衷于储蓄的人们来说，通货膨胀会使人们的存款贬值。

对抗通货膨胀是理财的主要目的之一。

怎样对抗通货膨胀呢？一个简单的操作就是让自己投资的金融产品收益率保持在 CPI 以上，就可以说跑赢了通胀。那么我们把钱直接放到银行账户可以吗？如表 1–1 所示，我们把 2010 年到 2019 年连续 10 年的 CPI 和中国人民银行发布的活期存款、1 年期定期存款、3 年期定期存款的基准利率相比较就能发现，依靠活期存款和 1 年期定期存款是完全跑不赢通货膨胀的。3 年期定期存款在一些年份跑赢了通货膨胀，但由于期限太长，对资金流动性牺牲太大，也不是理想的选择。

表 1–1　2010—2019 年中国 CPI 与储蓄存款基准利率

年份	CPI	活期	1 年定存	3 年定存
2010 年	3.18%	0.36%	2.75%	4.15%
2011 年	5.55%	0.50%	3.50%	5.00%
2012 年	2.62%	0.35%	3.00%	4.25%
2013 年	2.62%	0.35%	3.00%	4.25%
2014 年	1.92%	0.35%	2.75%	4.00%
2015 年	1.44%	0.35%	1.50%	2.10%
2016 年	2.00%	0.35%	1.50%	2.10%
2017 年	1.59%	0.35%	1.50%	2.10%
2018 年	2.07%	0.35%	1.50%	2.10%
2019 年	2.90%	0.35%	1.50%	2.10%

我们应该庆幸，在金融市场高度发达的今天，各类理财工具应有尽有。就在 20 年前，人们还只能选择把钱存在银行或者投资于股票，前者跑不赢通货膨胀，后者又面临较大的市场风险。而今，很多银行理财产品、公募基金、信托、资产管理计划都可以跑赢通货膨胀。以风险和预期收益最低的货币市场基金为例，如表 1–2 所示，2016—2019 年全市场货币市场基金的平均收益有 3 年跑赢了 CPI，2019 年与 CPI 仅相差了 36bps[①]。

表 1–2　2016—2019 年 CPI 与货币市场基金平均收益率

年份	CPI	货币市场基金平均收益率
2016 年	2.00%	2.48%
2017 年	1.59%	2.90%
2018 年	2.07%	3.50%
2019 年	2.90%	3.50%

前文已经介绍过，货币市场基金可以兼得近似活期存款的流动性与定期存款的收益，而且还基本能够对抗通货膨胀，是一类很不错的现金理财工具。而 T+0 快速赎回更是让货币市场基金如虎添翼，也为投资者提供了现金管理的新玩法。

现金管理可以这样玩

如果有什么事情是看完这本书你能立刻就去做的，那就是把

① bps：basic point，即基点，是用于计量债券、票据等金融工具变化的单位。

你银行账户里的活期存款和定期存款都换成货币市场基金吧。货币市场基金几乎能够满足你对这两类存款的所有需求。当然，这一操作需要有一个前提，就是货币市场基金需要支持 T+0 快速赎回。

· 划重点 ·

把银行账户里的活期存款和定期存款换成支持快速赎回的货币理财工具，可以在保持流动性的同时显著提高收益。

什么是 T+0？什么又是快速赎回？ T+0 是相对于 T+1 而言的。证券业把交易日当天表示为 T 日，交易日之后的第 n 个交易日就用 T+n 表示。因此 T+1 就是交易日后的第二日。正常情况下，在投资者发起货币市场基金的赎回动作后，T+1 日可以收到赎回款，如图 1–2 所示。别小看这一天，这一天的流动性往往决定了投资者是否能够投资这一产品。举个例子，钱女士每月 5 日要交电费，每月 10 日要还信用卡，每月 15 日要交房租，每周末要去购物……钱女士需要准备一部分资金来应对这些生活开销。如果钱女士选择把这部分资金都买了货币市场基金，她就需要在每月 4 日、9 日、14 日和每周五都发起基金份额的赎回，才能保证自己的资金正常使用（注意，实际操作中最好提前 2 天，因为多数赎回资金在 T+1 日午后才能到账，这意味着 T+1 日上午仍然不能使用资金）。如果钱女士使用现金或活期资金，她就可以不必进行烦琐的提前赎回操作，却需要为此付出机会成本（牺牲了货币市场基金的收益）。

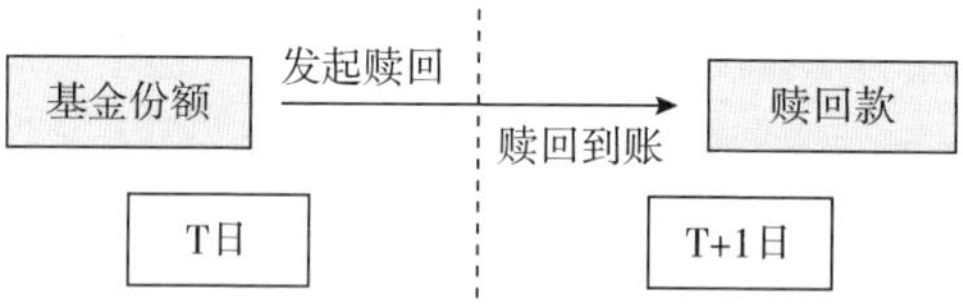

图 1–2 T+1 日赎回的情况

但是如果货币市场基金支持 T+0 快速赎回，投资者就可以在发起赎回的当天甚至发起赎回后的几秒钟内获得基金的赎回款，如图 1–3 所示。这是由于垫资方（通常为基金公司、互联网平台、银行或者银联）为投资者提前垫付了赎回资金，同时投资者把正在赎回过程中的基金份额转让或者质押给了垫资方，等 T+1 基金完成赎回时，直接用于偿还垫资方垫付的资金。这样一来，钱女士就可以安心享受货币市场基金的收益，不必再提前一天赎回基金份额，在任何使用现金的时候，随时选择快速赎回基金份额就可以了。

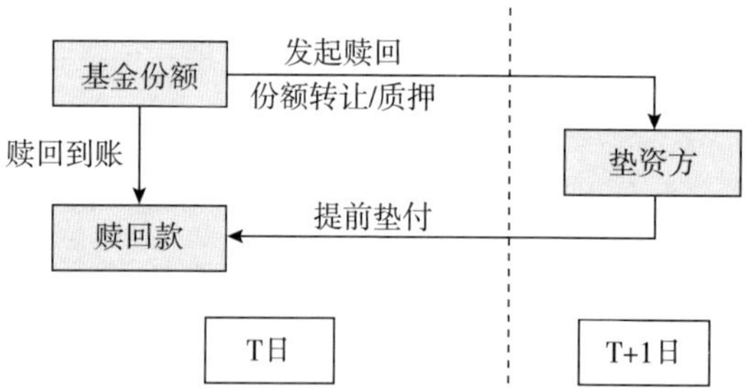

图 1–3 T+0 日赎回的情况

正是这一系列神奇的操作，使得货币市场基金的流动性几乎等同于活期资金。除了货币市场基金，银行发行的货币类理财产品也基于相同的原理，并且能够达到相同的效果。货币市场基金和货币类理财产品统称为货币类理财工具。

用货币类理财工具替代活期和定期存款，这一玩法已经成为现金管理的新时尚。很多理财达人一边享受着货币市场基金超越定期存款的收益，一边享受着随时随地扫扫买买的活期流动性。

但需要提醒的是，自 2018 年起，监管机构出于对系统性风险的考虑，对货币市场基金的 T+0 快速赎回服务限定了每日 1 万元的最高额度。这就好比高铁的最高时速是 450 公里 / 小时，但为了安全行驶，铁路公司对高铁进行了 300 公里 / 小时的限速。但高铁仍然是高铁，货基仍然是货基，优势恒久远，价值永流传。

有一个小技巧可以应对货币市场基金每日 1 万元的 T+0 快速赎回服务限制，就是同时持有不同的货币市场基金。如果持有 2 只，每日快速赎回额度就变成了 2 万元。如果持有 5 只，额度就变成了 5 万元。需要多少快速赎回额度，投资者可根据自身的消费需求决定。进行这一操作时需要注意购买货币市场基金的渠道（银行或互联网平台）能够支持多只基金的快速赎回。

· 划重点 ·

同时持有多只支持 T+0 快速赎回服务的货币市场基金，可以规避限制，扩大快速赎回额度。

从投资货币类理财工具开始，耍起来吧！

货币市场基金会亏损吗?

货币市场基金会亏损吗?

先说结论：有可能亏损，但几乎可以忽略。

货币市场基金是所有公募证券投资基金中风险最低、流动性最强的一类基金，其投资范围只能涵盖货币市场上的短期有价证券，包括现金、期限在1年内的银行存款、债券回购、央行票据、同业存单，以及其他具有良好流动性的货币市场工具。显然，这些货币市场基金所投资的品种本身安全性就极高，因此货币市场基金很难发生亏损。但实际上货币市场基金是否发生过亏损呢？还是有过的。

在2005年4月，中国市场出现了第一次货币市场基金的单日万份收益为负，即发生了亏损。此后在2006年出现过两次，2013年和2016年各出现一次。但我们要知道，全市场有几百只货币市场基金，每年大约有250个交易日，也就是说，全市场的货币市场基金每年要公布15万次以上的净值，就算出现一次亏损，概率也可以忽略不计。而且，货币市场基金即便出现亏损也是微乎其微的。以2006年的两次亏损为例，单日万份收益虽然为负，但7日年化收益均为正，这意味着投资者只要持有货币市场基金的时间超过7天，亏损将完全被吸收掉，收益仍然为正。

那么究竟是什么情况导致货币市场基金出现了亏损呢？有两个原因，第一个是货币市场基金遭遇大额赎回，或者遇到由于短期市场收益率大幅上升导致的所持券种价格大幅下跌；另外一个是基金公司的操作失误。

总的来说，货币市场基金发生亏损属于极小概率事件，投资者完全无须在意。

看万份收益还是 7 日年化？

在购买货币市场基金的时候，会经常看到两个指标，一个叫每万份基金收益（简称万份收益），如图 1–4 所示；一个叫 7 日年化收益率（简称 7 日年化），如图 1–5 所示。这两个指标应该看哪个呢？

图 1–4　每万份基金收益

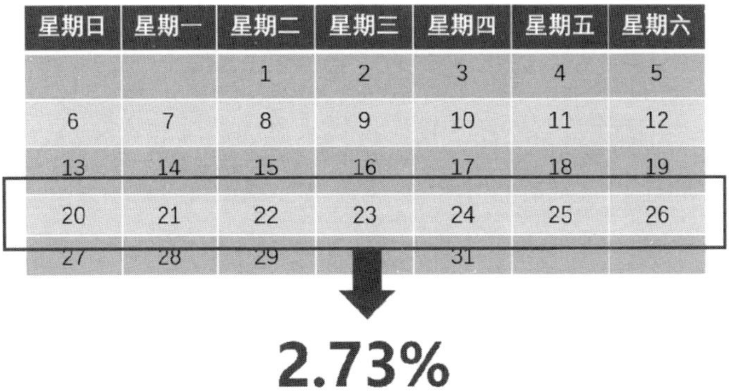

图 1–5　7 日年化收益率

该看哪个，要取决于你看的目的。万份收益是每天持有货币市场基金所产生的实实在在的到手收益，7 日年化收益率是测算出来的近 7 日平均收益率。

如果要查看已持有货币市场基金的盈亏情况，应该看万份收益，它代表了每一万份货币市场基金每日赚了多少钱。比如一只货币市场基金的万份收益是 1.0416，就代表当天每一万份货币市场基金实现了 1.0416 元收益，如果持有 20 万份货币市场基金，当日获得的收益就是 20.83 元。

如果还没有购买货币市场基金，希望选择一只收益较高的产品来购买，则应该参考 7 日年化收益率。因为在摊余成本法下，万份收益的波动比较大，有可能因为货币市场基金的基金经理当天出售了一只市场价格较高的债券，导致当日实际收益突然提高。虽然当日拿到手的收益很不错，但并不代表这只基金每天都能有这么高的万份收益，所以万份收益对于选基而言是没有太大参考价值的。7 日年化收益率其实是把过去 7 天的万份收益进行平滑，算法很简单：

7 日年化收益率 =（过去 7 天万份收益总和 ÷7）×365÷10 000

7 日年化收益率还便于我们将货币市场基金与其他产品的收益进行横向比较，别看货币市场基金属于低风险产品，有时候收益却不容小觑。货币市场基金收益率的背后是货币市场利率，在资金趋紧的时候，货币市场基金的收益可能在短期内大幅提高。在有些资金偏紧的年份，货币市场基金的收益甚至有可能超越股票和债券基金。

7 日年化收益率可能与万份收益出现不同的结果。比如，一只货币市场基金某日的 7 日年化收益率是 3.108%，万份收益是 1.2094，但是只按照当日的收益计算年化收益率则会是 4.414%，高出了 7 日年化收益率不少，而用 7 日年化收益率呢，又不能准确地反映当日的实际收益。所以，记住这个口诀：**持有看万份，选基看 7 日，**就不会错了。

· 划重点 ·

对货币市场基金以及其他货币类理财产品而言，已经持有基金就看万份收益，正在选择产品就看 7 日年化。

银行货币型理财收益更高吗？

随着 2018 年 4 月资管新规的发布，银行理财产品开始了净值化转型，货币型理财产品成为银行理财在新规转型中最为普及的产品之一。

说来也巧，银行货币型理财产品“生而逢时”，正好是在货币市场基金收益下行时期，而且货币市场基金的 T+0 快速赎回业务也遇到了单日 1 万元的限额。因此，银行货币型理财快速崛起。随着货币型理财规模的迅速壮大，很多投资者发现，银行发行的货币型理财产品收益普遍比基金公司发行的货币市场基金收益要高，这是事实吗？如果是，同样是“货币”类产品，收益又为什么会有差别呢？

根据万得资讯，2019 年度中国市场的货币市场基金平均收益率为 2.54%，而货币型理财产品的收益率普遍在 3% 以上，部分产品甚至能达到 4%，如图 1–6 所示。在多数情况下，同期的货币型理财收益率能够比货币市场基金高出 50~100bps。

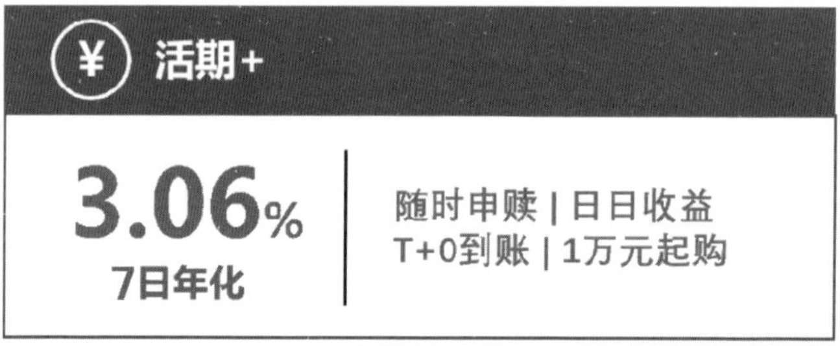

图 1–6　在某银行 App 客户端销售的货币型理财产品

是银行的投资能力更强吗？其实并不然，货币型理财产品和货币市场基金在收益上的差异主要是源于两者投资范围的不同。货币市场基金的投资范围是货币市场工具，而货币型理财产品的投资范围比货币市场基金更广。除了货币市场工具，货币型理财产品还可以投资部分符合要求的各种债权类资产。在久期方面，货币市场基金的要求也更为严苛。如此一来，由于货币型理财产品的投资限制较货币市场基金宽泛，也就获得了更大的收益创造空间，回报率也就可能会更高。

除了收益方面，货币型理财产品与货币市场基金还有几个差别。一是投资门槛，货币型理财产品的门槛是 1 万元起，而货币市场基金是 1 元起；二是 T+0 快速赎回限额，货币型理财产品的限额由银行决定，一般为 50 万元，甚至可以更高，而货币市场基金统一为单日 1 万元。

综合来看，货币型理财产品与货币市场基金相比，优势是收益更高且 T+0 快速赎回额度更大，但劣势是门槛更高。如果能达到 1 万元的门槛，货币型理财产品显然更具投资优势，是活期理财的理想选择。对于货币型理财产品的 1 万元申购门槛，有个小技巧可以规避，那就是部分银行只限定了首次投资门槛，并未设置余额门槛。也就是说，只要在第一次投资货币型理财产品时，拿出 1 万元满足门槛要求，之后赎回到 1 万元以下也可以继续持有货币型理财产品。

值得一提的是，由于货币型理财产品在投资范围和 T+0 快速赎回额度方面都更具市场竞争力，这在一定程度上导致货币市场基金的规模缩水。由于两者在本质上属于相似产品，从公平竞争的角度，未来监管机构随时有可能会将两类产品的标准统一或拉近。

DAY 1　精进知识回顾

在理财精进的第 1 天，我们知道了货币随着人类文明的进步不断向着更加标准化、便携化的方向变换着形态，未来实物货币有可能被移动支付彻底取代。货币数字化将有利于活期资金的理财管理，活期资金也可以获取利息，尤其是通过货币型理财产品和货币市场基金，能够兼顾活期存款的流动性，又能获得超越定期存款的收益。在多数情况下，货币市场基金的收益能够超过 CPI，使我们手中的钱免于因通货膨胀而贬值。

第 1 天的重点整理如下：

1. 把银行账户里的活期存款和定期存款，换成支持快速赎回的货币理财工具，可以在保持流动性的同时显著提高收益。

2. 同时持有多只支持 T+0 快速赎回服务的货币市场基金，可以规避单只货币市场基金每日 1 万元的赎回限制，扩大快速赎回额度。

3. 对货币市场基金以及其他货币类理财产品而言，已持有基金就看万份收益，选择产品时看 7 日年化。

DAY 2

银行理财的五门秘籍

¥ · € · $

银行理财最初的样子

银行理财产品最早在中国市场出现是 2005 年，2015 年年末规模就达到了 19.5 万亿元。短短 10 年时间，银行理财产品的市场占有率超越了包括公募基金在内的所有其他资产管理产品，成为资产管理行业的领头羊。2018 年资管新规的出台，给银行理财产品带来了大改。为了更好地理解银行理财的本质，我们先来看看银行理财产品最初是什么样子的。

银行理财产品最初的样子很像定期存款，有确定的期限，确定的收益率，只是多了一个起购门槛——5 万元，如图 2–1 所示。

为什么银行理财产品那么受欢迎呢？有两个核心原因，一是刚性兑付和收益确定。简单来说，就是产品保本保收益。刚性兑付虽然从未被明文承认，但在资管新规之前，银行理财产品就是银行信用，银行理财也就被默认和存款画起了等号。二是银行庞大的渠道。银行拥有遍布城市甚至农村各个角落的营业机构，也叫支行。人们能够前往任意一家机构办理银行相关的业务，包括购买理财产品。银行的机构网点使得银行汇集了成千上万的客户。

保本	3.55%	180天	5万元起
	4.40%	90天	5万元起
	4.45%	180天	5万元起
	4.55%	360天	5万元起
	4.70%	360天	100万元起

图 2–1　2018 年以前的银行理财产品网银端界面

当银行发行理财产品时，客户就会来抢购，就像以前发行国债时人们也会到银行排队购买。

对于客户而言，银行理财产品的收益远高于同期存款，理财备受热捧也就是情理之中的事了。但是对于银行而言，本来有存款业务，为什么非要搞出一个理财产品呢？存款业务的息差更大，息差更大就意味着银行赚钱更多，为什么银行非要选择一个不如存款业务赚钱多的新业务呢？另外，当时绝大多数的银行理财产品都是固定收益类产品，那跟债券型基金有什么区别呢？为什么银行理财的收益确定，但债券型基金却做不到呢？这里涉及两个概念：表外业务和非标资产。

表外业务和非标资产

表外业务和非标资产，这两个概念总是在金融人士口中侃侃而谈。听上去很专业、很高冷，但了解之后，你会发现竟如此简单。

银行的老本行是信贷业务，如图 2-2 所示。银行一方面会吸纳客户的存款，并支付给客户一定的利息，比如 3%；另一方面，银行会用所汇集的客户存款给需要资金的企业（或者个人）发放贷款，并收取一定的利息，比如 6%；存款和贷款利息之间 3 个百分点的差额就是息差，是银行通过信贷业务赚到的钱，叫作息差收入，息差收入是银行主要的收入来源。

每家银行内部都有一张资产负债表，银行从客户那里吸纳的存款是银行的负债，银行向客户放出的贷款是银行的资产。银行想要赚更多的钱，就要放更多的贷款，但前提是银行首先能够吸纳足够多的存款。举个例子，如果银行吸纳了 1 万亿元的存款，首先要向中央银行存入存款准备金，假设存款准备金率为 15%，银行就需要存入 1 500 亿元存款准备金，剩下的 8 500 亿元可以用于资产业务，也就是放贷款。如果银行希望在 8 500 亿元之外继续为企业提供贷款怎么办？这时银行已经没有足够的存款来用于发放贷款，于是银行开动脑筋，创造了理财产品，通过提高收益的方式吸引更多客户购买，再将这部分资金用于企业所需的贷款。而这类业务并不会占用银行的资产负债表，所以也被称为表外业务，如图 2-3 所示。

这一操作相当于放贷环节中的债权人由银行变成了理财产品，而客户由存款人变成了理财产品的委托人，银行通过理财产品替代了自己原先在信贷业务中的角色，把信贷业务变成了资产管理业务。

随着理财业务的发展，出于对理财产品流动性和安全性的考虑，银行也不是只将理财产品的资金用于发放表外贷款，还会配置一些债券和同业存款等工具。那么，债券和表外贷款有什么区别呢？这就引出了另一个概念：非标资产。

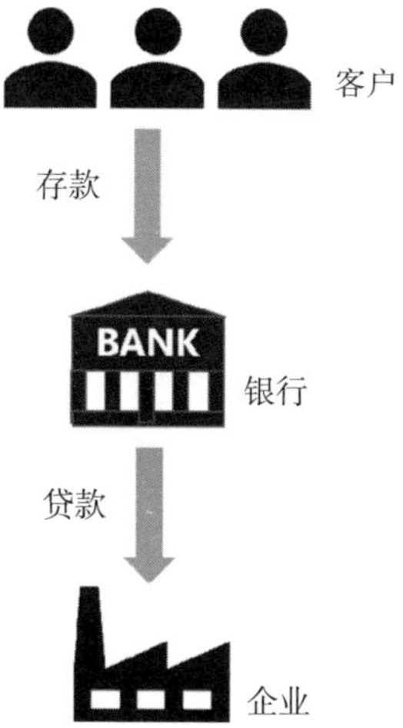

图 2-2　表内信贷业务

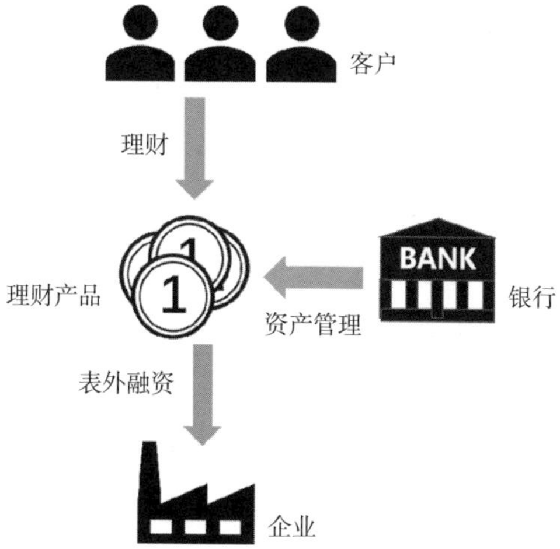

图 2-3　表外理财业务

我们在超市购物结算时，都是用扫码器对商品进行扫码来统计结算金额的。这些能够被扫码器识别的商品，就是标准化商品。标准化商品的包装上都会印有条形码、执行标准、安全类别、生产日期等信息，食品还印有配料表和营养成分信息，纺织品还印有组成成分、洗涤方式信息。比如我们从超市买一盒鸡蛋，鸡蛋的生产商、产地、生产日期、保质期等信息都会一清二楚。我们从路边的商贩处也可以买到散装的鸡蛋，可能价格会比超市更便宜，但产地、日期等信息却一无所知。相对于标准化商品而言，路边商贩售卖的散装鸡蛋就属于非标准化商品。

金融资产也是一样的。债券有两大公开交易市场，银行间市场和交易所。在这两个公开交易市场中交易的债券，都要经过合法的发行程序，发行日期、票面利率、债券期限等各类信息都由系统详细记录，属于标准化债权资产。而在交易所以外形成的资产，比如银行通过理财业务形成的表外贷款，除了发行理财产品的银行，其他人很难了解到资产的详细情况，这种就属于非标准化债权资产，简称非标资产。非标资产除了银行的信贷资产，还包括信托贷款、委托债权、承兑汇票、信用证、应收账款、各类受益权、带回购条款的股权融资等。

可能会有人问，既然有标准化资产，为什么还要投资非标资产呢？和前文举的商品的例子一样，因为价格。由于发行标准化债券要满足各种标准，并经过层层手续，而非标渠道融资的门槛和实效性都对融资方更加有利，融资方也就愿意支付更多的利息，因此非标资产的价格会比标准化资产更具优势。

资管新规来了！

由于非标资产和非标商品都具有价格上的优势，因此虽然不能在标准化市场交易，却都仍然有自己的一块市场。不过非标资产和非标商品有可能面临一定的风险，主要来自信息的不透明。还是以鸡蛋为例，从商贩处购买的鸡蛋，由于缺乏标准化信息和监管，消费者无法得知鸡蛋是否新鲜，生产出来了多长时间，是否来自有瘟疫的鸡……虽然价格更优惠，但吃了有可能产生其他问题，比如拉肚子。

试想如果你是这个城市负责市场管理或者卫生部门的领导，会怎么做？一般而言，会对无证经营的小商贩进行清理。如果多做一步的话，还可以要求将非标准的鸡蛋纳入标准化管理流程，通过标准化的管理和渠道，进入正规超市流通。商品市场如此，金融市场也不例外。所以，资管新规来了！

2018 年 4 月 27 日，中国人民银行、中国银保监会、中国证监会、国家外汇管理局四部委联合发布了《关于规范金融机构资产管理业务的指导意见》，这个指导意见在行业内被称为资管新规。资管新规源于对银行理财业务的规范，但又不仅仅是针对银行理财业务，而是针对整个资产管理市场的总规。资管新规的落地，开启了一个规范化、标准化、净值化的新资管时代。

资管新规的核心要求可以用 15 个字概括：破刚兑、净值化、去嵌套、禁保本、限杠杆。如图 2–4。

图 2–4　资管新规核心要求示意

可能很多人会有疑问，刚性兑付不是挺好的吗？确定的年化收益率不是挺好的吗？保本理财不是挺好的吗？资管新规这是折腾啥呢？要想真正理解资管新规的意义，需要借用一艘举世闻名的邮轮——泰坦尼克号来说一说。

泰坦尼克号是英国白星航运公司的一艘超级邮轮，在其下水的时代，是全球排量最大、设施最豪华的邮轮，在其出厂时就被冠以“永不沉没”的称号。1912 年，泰坦尼克号的处女航举世瞩目，然而这永不沉没的邮轮正是在处女航中因为撞击冰山而永远沉入了海底。在这次海难中，逾 1 500 人丧生，泰坦尼克号的沉没至今仍然是和平时期死伤人数最为惨重的海难。

事后也有很多推测，是什么导致这次惨痛的海难？主观上，人们认为泰坦尼克号“大而不沉”，就像如今认为银行“大而不倒”。客观上，泰坦尼克号根本没有配备足够的救生艇，才导致 1 500 多人葬身在遥远而冰冷的太平洋。简单来说，主观风险认知上的缺失，以及客观安全标准上的疏漏，酿成了一场巨大的海难。

大资管时代何尝不是如此？它就像一艘没有足够救生艇的巨型邮轮，驶向布满冰山的资本海洋深处。越来越多的人因为刚性兑付、因为收益可观而踏上这艘巨轮，并陶醉于此。但理财产品真的能够刚兑吗？答案其实很清楚。不能！就像泰坦尼克并不会“永不沉没”，当冰山足够大时，再大的船也不过是一叶扁舟。这个刚兑，其实是假性刚兑，当风险集中暴露时，巨轮就会沉没。

回到资管新规。它的意义在于，从主观上让人们知道包括银行理财产品在内的所有资产管理产品都不能刚性兑付，都不能保本保收益，投资者需要时刻清醒地认识到这一点。这就是破刚兑、禁保本。从客观上，新规要求每一款资管产品都配备足够的救生艇，并具备相应的安全标准，而且不能超速航行。这就是净值化、去嵌套、限杠杆。于是，在新资管时代，所有的资管产品都有清晰的投向，都能够得到正确的计价，都可以充分揭示真实的风险。有且唯有这样，当人们踏上这艘新的邮轮时，才能享受更安全、更踏实的旅程。也许，这艘新的邮轮不如泰坦尼克号看起来那般巨大豪华，但这艘新的邮轮，才能够承载着亿万人的财富，驶向更加遥远的海洋。

理财产品的新形态

在资管新规之后，银行理财产品开始迅速转型。主要的变化包括：产品净值化、投资门槛降低（由原有的 5 万元降低至 1 万元）、期限普遍拉长（新规之前有 14 天、30 天的理财，新规之后最低期限为 90 天）、理财投资于非标资产的比例下降。市场上产品的形态逐渐演变成四种：活期 +、定期 +、净值型和结构化。

活期 + 主要是货币型理财产品，采用与货币市场基金相似的运作方式，很多银行也都提供了 T+0 快速赎回的服务，使得这类产品具备了等同于活期存款的流动性。在理财精进的第 1 天我们已经了解，活期 + 的产品非常适合用于现金理财。

定期 + 是与资管新规之前的理财产品最为类似的一类产品，以封闭式和定期开放式产品为主，呈献给投资者固定的投资期限，例如 90 天、180 天、360 天等，在期限的基础上给出预期收益率（或业绩比较基准），由客户根据需要选择投资购买。

净值型理财产品是资管新规发布后最符合新规思路的一类产品，其本质和开放式公募基金相同，属于每日开放、每日估值的一类理财产品。按照投资标的可以分为固收、固收 +、权益型等类别，并会有相应的风险分类。

结构化理财产品是通过结构化设计，从策略上实现保本（但不能明确承诺保本），并使用预期可实现的收益部分投资于金融衍生品博取高额回报的一类理财产品。这类理财产品会用本金 100% 投资于债券、同业存款等安全性较高的资产，再用投资期内预计可产生的收益去投资期权或其他金融衍生品资产，这样就实现了本金和收益的隔离，理财收益完全取决于期权所获取的回报。所以这类产品的收益一般是一个区间，例如“0.00%~6.35%”，这意味着如果期权投资获得了最大收益，则理财产品收益率可达到6.35%；如果期权投资完全损失，则理财产品收益率为0.00%，本金仍返还。

公募基金是最为标准化的一类资管产品，早在1998年设立之初就完全满足了20年后于2018年落地的资管新规的要求。因此，银行理财产品在资管新规转型的过程中也经常以公募基金为标杆。我们把四类理财产品的新形态和公募基金做一个对比，就很容易理解它们背后的运作逻辑了，详见表2-1。

表 2-1 银行理财产品形态与公募基金对比

理财产品形态	运作逻辑
活期 +	等同于货币市场基金
定期 +	等同于封闭式或定期开放式基金
净值型	等同于开放式基金
结构化	采用 CPPI 策略的基金 *

* CPPI 策略将在第 6 天的内容中介绍。

理财产品的风险分级

在选择银行理财产品的时候，客户能够看到每一款产品上都有PR2、PR3这样的标识，这是银行理财产品的风险标识，它明确地告诉客户每一款理财产品的风险等级。

客户初次购买理财产品时，银行会给客户做风险测评。银行的客户风险测评是以调查问卷的形式完成评估的，问题主要涵盖以下几个范围：

- 投资者年龄。
- 家庭总资产。
- 投资经验。
- 风险承受能力。
- 计划投资期限。
- 投资目的。
- 对损失的焦虑程度。

通过对这些内容的评估，最终会生成投资者对应的风险等级，由低到高从 PR1 到 PR5，分别代表谨慎型、稳健型、平衡型、进取型、激进型，详见图 2–5。

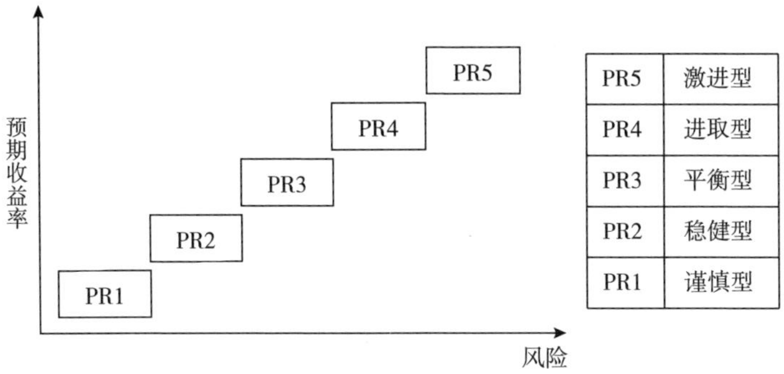

图 2–5 银行理财产品风险等级分布图

PR1 级的理财产品保证本金完全偿付，产品主要投资于高信用等级债券、货币市场等低风险金融产品。资管新规前，

PR1 级的理财产品属于保本理财产品，需要占用银行的授信额度，因此也被称为“表内理财”；在资管新规落地之后，保本产品将逐渐退出历史舞台，但一部分货币型理财产品仍然被定位为 PR1。PR2 级的理财产品是目前市场上规模最大的银行理财产品类型，不保证本金的偿付，不过本金风险相对较小，收益浮动但相对可控。投资方向主要是债券等固定收益类资产。PR3 级理财产品不保证本金的偿付，有一定的本金风险，收益浮动。PR3 级理财产品通常会在投资固定收益类产品的基础上，以一定比例（通常在 20% 以内）的资产投资于可转换债券、股票等能够提高收益的资产。PR4 级理财产品不保证本金的偿付，本金风险较大，收益浮动且波动较大。PR4 级理财产品通常给各类资产留出的投资比例空间比较大，在投资过程中可根据市场情况进行灵活调整。PR5 级理财产品不保证本金的偿付，风险较大，收益浮动，且净值波动较大。PR5 级理财产品通常会以较大比例投资于权益类资产，例如股票和金融衍生品，以获得较高的期望收益。PR4 和 PR5 两类理财产品的投资均较易受到市场波动和政策变化等因素的影响。详见表 2-2。

表 2-2　银行理财产品风险等级和产品形态对照

风险等级	风险级别	主流产品形态	投资范围
PR1	低	货币	货币市场工具
PR2	较低	固收	100% 债券
PR3	中等	固收 +	80% 债券 +20% 权益增强
PR4	中高	混合	债券与权益比例灵活配置
PR5	高	权益	较大固定比例投资于权益资产

测一测你的风险评级

在介绍了银行对客户的风险评估体系之后，不妨通过一份《个人理财客户风险评估问卷》来评测一下自己的风险评级。

个人理财客户风险评估问卷

一、财务状况

1. 您的年龄是？

□ A.18~25 岁　□ B. 25~50 岁

□ C.51~60 岁　□ D.61~65 岁

□ E. 高于 65 岁

2. 您的家庭总资产净值（折合人民币）为？（不包括自用住宅和私营企业等实业投资，包括储蓄、保险、金融投资，并需扣除未结清贷款、信用卡账单等债务）

□ A.15 万元以下

□ B.15 万元（不含）~50 万元（含）

□ C.50 万元（不含）~100 万元（含）

□ D. 100 万元（不含）~1 000 万元（含）

□ E.1 000 万元（不含）以上

3. 在您家庭总资产净值中，可用于金融投资（储蓄存款除外）的比例为？

□ A. 小于 10%　□ B.10%~25%

□ C.25%~50%　□ D. 大于 50%

二、投资经验

4. 以下哪项最能说明您的投资经验？

□ A. 除存款、国债外，我几乎不投资其他金融产品

☐ B. 大部分投资于存款、国债等，较少投资于股票、基金等风险产品

☐ C. 资产均衡地分布于存款、国债、银行理财产品、信托产品、股票、基金等

☐ D. 大部分投资于股票、基金、外汇等高风险产品，较少投资于存款、国债

5. 您有多少年投资股票、基金、外汇、金融衍生品等风险投资品的经验?

☐ A. 没有经验　☐ B. 有经验，但少于 2 年

☐ C.2~5 年　☐ D.5~8 年

☐ E.8 年以上

6. 以下哪项描述最符合您的投资态度?

☐ A. 厌恶风险，不希望本金损失，希望获得稳定回报

☐ B. 保守投资，不希望本金损失，愿意承担一定幅度的收益波动

☐ C. 寻求资金的较高收益和成长性，愿意为此承担有限本金损失

☐ D. 希望赚取高回报，能为此承担较大本金损失

三、投资风格

7. 本金 100 万元，不提供保本承诺的情况下，您会选择哪一种投资机会?

☐ A. 有 100% 的机会赢取 1 000 元的现金，并保证归还

☐ B. 有 50% 的机会赢取 5 万元现金，并有较高可能性归还本金

☐ C. 有 25% 的机会赢取 50 万元现金，并有一定的可能性损失本金

☐ D. 有 10% 的机会赢取 100 万元现金，并有较高可能性损失本金

8. 投资于理财、股票、基金等金融投资品（不含存款和国债）时，您可以接受的最长投资期限是多久?

☐ A.1 年以下　☐ B.1~3 年

☐ C.3~5 年　☐ D.5 年以上

9. 您的投资目的是？

☐ A. 资产保值　☐ B. 资产稳健增值

☐ C. 资产迅速增值

四、风险承受能力

10.1 年内（短期），您的投资出现何种程度的波动时，您会呈现明显的焦虑?

☐ A. 本金无损失，但收益未达预期

☐ B. 出现轻微本金损失

☐ C. 本金 10%以内的损失

☐ D. 本金 20% ~50%的损失

☐ E. 本金 50%以上损失

11.1 年以上（长期），您的投资出现何种程度的波动时，您会呈现明显的焦虑?

☐ A. 本金无损失，但收益未达预期

☐ B. 出现轻微本金损失

☐ C. 本金 10%以内的损失

☐ D. 本金 20% ~50%的损失

☐ E. 本金 50%以上损失

12. 对您而言，保本比高收益更重要。

☐ A. 非常同意

☐ B. 同意

☐ C. 无所谓

☐ D. 不同意

☐ E. 非常不同意

调查问卷共 12 道题，对应分值如下：

一、财务状况

1. A.（-2）	B.（0）	C.（-2）	D.（-3）	E.（-10）
2. A.（0）	B.（2）	C.（6）	D.（8）	E.（10）
3. A.（2）	B.（4）	C.（8）	D.（10）	

二、投资经验（任一项选 A 的客户均视为无投资经验客户）

4. A.（0） B.（2） C.（6） D.（10）

5. A.（0） B.（2） C.（6） D.（8） E.（10）

6. A.（0） B.（4） C.（8） D.（10）

三、投资风格

7. A.（0） B.（4） C.（6） D.（10）

8. A.（4） B.（6） C.（8） D.（10）

9. A.（2） B.（6） C.（10）

四、风险承受能力

10. A.（-2.5） B.（0） C.（2.5） D.（5） E.（7.5）

11. A.（-2.5） B.（0） C.（2.5） D.（5） E.（7.5）

12. A.（-2） B.（0） C.（2） D.（4） E.（5）

计算出自己的总得分，对照下表查看对应的风险评级和风险承受能力：

分数统计	风险偏好	风险评级	风险承受能力
–9 分≤得分≤ 15 分	谨慎型	PR1	低风险
16 分≤得分≤ 35 分	稳健型	PR2	中低风险
36 分≤得分≤ 60 分	平衡型	PR3	中等风险
61 分≤得分≤ 80 分	进取型	PR4	中高风险
81 分≤得分≤ 100 分	激进型	PR5	高风险

风险评级每年更新一次，评级结果可能会随着投资者资产的增加以及投资经验的增加而不断提升。

银行理财的五门秘籍

第一门：低风险投理财，高风险投基金

银行理财产品和公募基金是两种最为普及的理财工具，门槛都比较低，投资便利性也都很好。那么这两类产品该如何选择呢？有一个诀窍：投资低风险产品可以更多地考虑银行理财产品，投资高风险产品可以更多地考虑基金。这是因为银行和基金公司各有所长。银行理财产品起源于固定收益，银行的专长是管理信用和债务，银行理财按照期限和收益率进行产品输出的形式，非常便于投资者进行理财管理。而债券基金采用的是净值化管理，大多有申购赎回费用，持有半年扣掉申购赎回费用之后的收益其实和货币市场基金差不多。因此在低风险产品上，银行理财产品比债券型基金更有优势。

而对于高风险的产品，也就是涉及股票等权益类资产投资的产品，则是基金公司的老本行。基金公司从 1998 年就开始专注于股票市场的投资，至今已经 20 多年，具备一套完整的体系。银行则在资管新规之前较少涉足权益类市场，即便在资管新规之后，银行发行的权益类产品也大多是采取委外管理的模式，也就是委托基金公司进行投资管理。

因此，银行和基金公司各有所长，银行的强项在固定收益类产品，基金公司的强项在权益类产品。那么具体到理财投资上应该如何操作呢？记住一点即可：以产品的风险等级为标准，PR3 以下的产品推荐选购银行理财产品，PR3 以上的产品推荐选购公募基金。

·划重点·

PR3 以下选理财，PR3 以上选基金。

第二门：期限循环提高收益

同样是固定收益类产品，固收类银行理财产品的展示模式和债券型公募基金呈现出完全不同的风格。银行理财产品会突出期限和业绩比较基准（预估收益率）两个指标，而公募基金则主要突出过往收益和基金净值。见图 2–6。这是由于银行理财产品的模式最早是由定期存款演化而来，而债券型基金则采取了与股票型基金相同的净值披露方式。

银行理财产品所突出的期限与预期收益其实呈现出一个规律，就是期限越长，预期收益越高。这个规律与定期存款是一样的。在以定期存款为主要理财工具的时代，有一种操作叫期限循

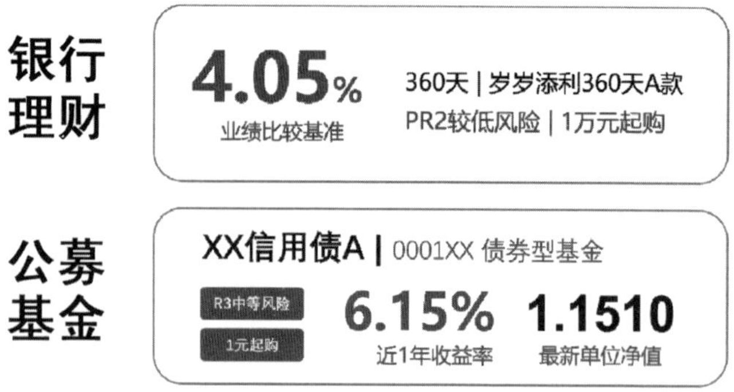

图 2–6 银行理财产品和公募基金展示对比

环，能够把长期限的定期存款打散成若干短期限的组合以获取长期收益。例如，如果手中有 30 万元资金要存定期存款，可以把 30 万元分成 6 组，每组 5 万元，每半年存入一组 5 万元的定期存款，并循环滚动存入。最终将得到表 2–3 所示的结果。

表 2–3 期限循环结果示例

序号	存入（元）	存入日期	期限	到期日
1	50 000.00	2020–01–01	3 年	2023–01–01
2	50 000.00	2020–07–01	3 年	2023–07–01
3	50 000.00	2021–01–01	3 年	2024–01–01
4	50 000.00	2021–07–01	3 年	2024–07–01
5	50 000.00	2022–01–01	3 年	2025–01–01
6	50 000.00	2022–07–01	3 年	2025–07–01

这一操作相当于 30 万元资金全部享受了 3 年期的高利率，却同时获得了每半年 5 万元的流动性。而且，一旦遇到紧急事件需要全部资金，银行可允许客户牺牲定期存款的利息当作活期存款直接支取本金以及活期利息。

这种期限循环的操作方式同样适用于选择定期 + 类型的理财产品。通过期限的循环管理，可以将手中的资金拆成若干组，按照 90 天或者更短的周期分别购买 1 年期左右的理财，以便兼顾收益和流动性。

· 划重点 ·

定期 + 理财产品可通过期限循环操作获取更高的收益并兼具一定的流动性。

第三门：巧用理财产品转让功能

一些银行为了提高理财产品的流动性，开发了理财转让平台，可供持有理财产品的客户将尚未到期的理财产品转让给其他客户，代价是牺牲一部分理财产品的收益以吸引其他客户承接。这一功能与定期存款的提前支取非常相似，赋予了长期限理财产品随时支取的流动性。

·划重点·

合理利用理财产品的转让功能，可以兑付所持有的未到期理财产品。

理财产品的转让功能是双向的。当我们临时需要资金时，可以转出手中持有的未到期的理财产品获得资金。而当我们想要购买理财产品时，也可以在银行的理财产品转让平台看看有没有适合的其他客户正在转出的产品，如果有的话也是可以购买的。一般转让产品的期限都比较短，但年化收益率却比较高，属于一类性价比很可观的特殊产品。

需要留意的是，不是每家银行都具有理财产品转让的平台。即便是开通了理财产品转让功能的银行，也不是每只产品都支持转让。因此在购买理财产品时应当事先看清楚产品是否可以转让，一般支持转让的理财产品会标有“可转让”的字样。

第四门：别把鸡蛋放在一个篮子里

别把鸡蛋放在一个篮子里，这是做任何投资最基础的常识之一。但是在购买理财产品的时候，人们往往容易“偷懒”，为了方便省事，把理财资金集中在同一家银行。

在资管新规落地之前，银行理财产品有银行信用做背书，只要银行不倒闭，理财产品的兑付一般不是大问题。但是在资管新规落地之后，五大行①和全国股份制银行②都陆续设立了资产管理子公司来管理和运作理财业务，从机制上实现了与银行自身业务的隔离，因此也不会再为无法刚兑的理财产品做背书。而除了五大行和全国股份制银行之外的地方性城市商业银行和农村商业银行，因银行整体规模更小，也不建议过于集中地配置理财。

但是，理财过于分散又十分不便于管理。因此，将理财资金放在 2~3 家不同的银行，是比较合适的选择。或者夫妻双方各自选择不同的银行进行理财，也有助于分散风险。

· 划重点 ·

尽量不要把理财资金全部放在同一家银行，分散在 2~3 家银行进行理财为宜。

---

① 五大行指的是 5 家大型国有商业银行，包括：中国工商银行、中国建设银行、中国银行、中国农业银行、交通银行。

② 全国股份制银行指的是 12 家全国开展业务的股份制商业银行，包括：招商银行、浦发银行、中信银行、中国光大银行、华夏银行、中国民生银行、广发银行、兴业银行、平安银行、浙商银行、恒丰银行、渤海银行。

第五门：不要在低风险产品的选择上浪费时间

很多投资者在挑选理财产品上花费过不少时间与精力，通过对比各家银行理财产品的收益，选择收益高的进行购买。有时候为了买到高收益的理财产品，不惜将资金反复在各家银行之间腾挪转账。其实大可不必如此。

有的银行为了招揽客户，会把投资收益多分一些给客户，自己少收取一些管理费，所以理财产品的收益就高一点；有的银行不愁客源，自己多留存一些管理费，所以理财产品的收益会略低一些。但无论怎样，风险等级同为 PR2 的理财产品，收益并不会相差多少。我们假设用 10 万元购买 3 个月的银行理财产品，A 银行的一款理财产品年化收益率为 4.35%，B 银行的另一款理财产品年化收益率为 4.50%，两者相差 15bps。整个投资期下来，两家银行的理财收益只相差 37.5 元，相当于一杯咖啡的钱，值得投资者大费周章吗？

·划重点·

对于低风险的产品而言，收益相差无几，大可不必在低风险产品的选择上浪费时间。

其实所有的金融产品都有一个规律：风险越低的产品，收益差别越小；风险越高的产品，收益差别越大。什么意思呢？以透明度最高的公募基金为例，货币市场基金属于低风险产品，我们把全市场的上百只货币市场基金拿出来对比，收益最高的基金比收益最低的基金在平均年化收益率上差不出1%；但是我们换作高风险的股票基金，如果把全市场的股票基金拿出来对比，恐怕业绩好的能甩业绩差的几十条街，年化收益率差能上三位数。这就好比人们买矿泉水和买汽车，谁也不会天天研究矿泉水的差异，价格差不多的矿泉水，口感真的有那么大的差别吗？但是买汽车就需要花些时间研究了，同类型的汽车在性能上、功能上也会千差万别。所以，在投资理财产品时，可以多把时间花在研究风险偏高的产品上，而完全没必要去研究比较低风险的产品差异。

银行的自营和代理产品

在互联网电商购物平台上，商品一般会分为自营和第三方商家两种性质。以京东商城为例，自营是京东商城自己销售的商品，非自营产品是由第三方卖家提供的商品。银行销售金融产品也是一样的。银行理财产品的发行主体是银行自身（或自己的理财子公司），而银行代销的公募基金、信托计划和资产管理计划等产品的发行主体是基金公司、信托公司和证券公司等第三方资管机构。详见图2-7。

银行自身发行的理财产品就一定比代销的产品好吗？未必。但是银行会对自身发行的理财产品负有直接责任，虽然资管新规已经打破了刚性兑付，但是理财产品如果出现问题，银行还是会负责解决和处理，做好善后工作。毕竟不妥善解决，被媒体曝光理

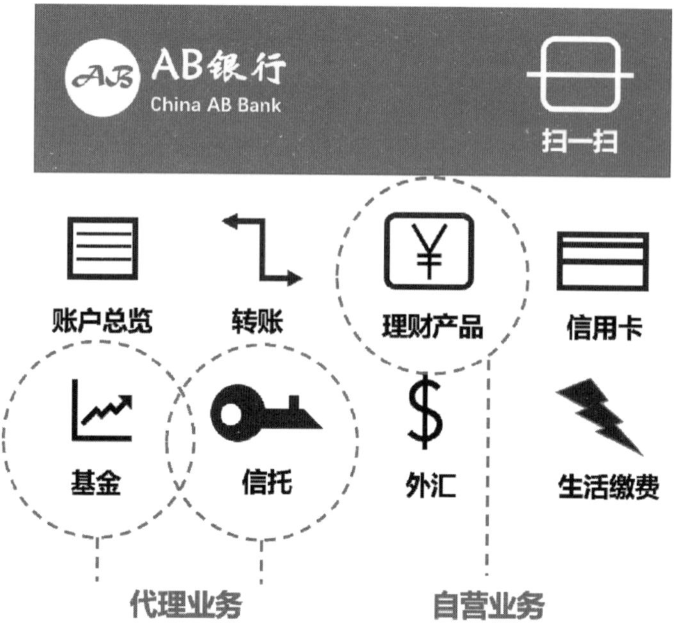

图 2-7 银行 App 中的自营业务与代理业务

财产品无法兑付，以后的产品就会面临销售困难。而如果是代销的产品出现问题，银行在法律上并没有义务负责到底，善后事宜很可能被移交给产品的发行主体进行处理解决。这就会出现一种情况，客户本来在 A 银行购买了一款代销的信托计划，到期未能按时兑付，最终需要面对 B 信托公司进行处置。

要分辨是否是银行自身发行的产品，可以线下向客户经理咨询，或者看线上网银客户端的标注，通常都可以简单区分。一般银行自身发行的产品都有“理财”的字眼，非银行自身发行的产品会有“代销”的字眼。

DAY 2 精进知识回顾

在理财精进的第 2 天，我们知道了最早银行理财产品的由来。银行曾把非标资产包装成理财产品销售给客户，形成了表外业务。但在资管新规之后，银行理财产品向着净值化、标准化产品的方向转型，发展出了活期 +、定期 +、净值型和结构化几种产品形式。银行理财产品的风险从低到高有 PR1 到 PR5 五个级别。银行更加擅长风险级别在 PR3 以下的理财产品的投资管理，这个区间也是银行理财规模占比最大的一类。银行销售的产品包括自营和代销，购买的时候应加以区分。

第 2 天的精进内容还包括 5 个银行理财产品的投资技巧：

1. 银行更善于管理固定收益类产品，因此投资风险等级在 PR3 以下的产品可优先选理财产品，PR3 以上的产品可以选公募基金。

2. 定期 + 理财产品可通过定期循环操作获取更高的收益并兼具一定的流动性。

3. 合理利用理财产品的转让功能，可以兑付所持有的未到期理财产品。

4. 尽量不要把理财产品全部放在同一家银行，分散在 2~3 家银行进行理财为宜。

5. 对于低风险的产品而言，收益相差无几，大可不必在低风险产品的选择上浪费时间。

DAY 3

公募基金的选基大法

¥ · € · $

买公募基金能赚到钱吗?

公募基金，全称公开募集证券投资基金，在美国也被称为共同基金（mutual fund）。公募基金是一种利益共享、风险共担的集合投资方式，以公开方式向社会公众投资者募集资金，并集中进行股票、债券、货币工具等投资，以获得投资收益和资本增值。

因为公开募集的性质，公募基金在全球范围内都是资产管理行业中受众最广的一类产品，也是高度标准化并且监管最规范的一类产品。虽然新中国在改革开放后早就有各种基金的苗头和实践，但公募基金的正式诞生是在1998年。

从全球视角看，公募基金是能够为投资者实现资产增值这一目的的。但是公募基金在中国20多年的历史中，投资者的体验似乎不那么好，赔钱的基民比比皆是。那么到底公募基金投资能不能赚钱呢？

选取2005—2015年作为区间，其间经历过大牛市和大熊市。根据中国证券投资基金业协会官方网站的数据，2015年年末中国公募基金数量为 2 722 只。根据万得资讯统计，在这 11 年间这 2 722 只基金的年化平均收益率为 19.2%，而且除了 2008 年和 2011 年公募基金平均收益率为负（亏损），其他的 9 年平均收益率均为正（盈利）。

中国市场上也有很多存续时间超过 10 年，累计净值超过 10 元的公募基金。比如 2004 年成立的公募基金“华夏大盘精选”，截至 2020 年 1 月 2 日的累计净值是 19.9870 元。累计净值超过 10 元是什么概念呢？每一只基金发行时的单位净值都是 1 元，如果持续持有这只基金，当净值达到 10 元时，就是实现了 10 倍的资产增值。如果持有时间是 10 年，那么基金的平均年化收益率就是 29.15%。所以，长期持有基金是能够赚钱的。

但是为什么很多投资者并没有赚到钱呢？我们用在公路上行驶的汽车作为例子。汽车跑得快不快，取决于司机、汽车本身、道路状况三个核心因素。司机的选择很重要，开什么车、走哪条路、在路上油门踩到多少直接决定了汽车的速度，这和投资者决策是一样的，属于主观因素。抛开主观因素，汽车和道路是两个影响速度的客观因素。同为梅赛德斯奔驰品牌旗下的汽车，小型家用车 Smart 的最高时速只有 137 公里，而超跑 AMG GT R 的最高时速达到 360 公里。如果 Smart 和 AMG GT R 两者竞速，恐怕根本不用去猜测结果。但是如果遇到都市拥堵的街头，或者泥泞不堪的路段，Smart 凭借小巧灵活的车身和比超跑更高的底盘，兴许还能略胜一筹。基金也一样，选择汽车相当于选择基金，不同的基金因基金公司、基金经理、研究团队的不同，在投资能力上会有很大差别。而道路就是资本市场，它影响着每一只基金。

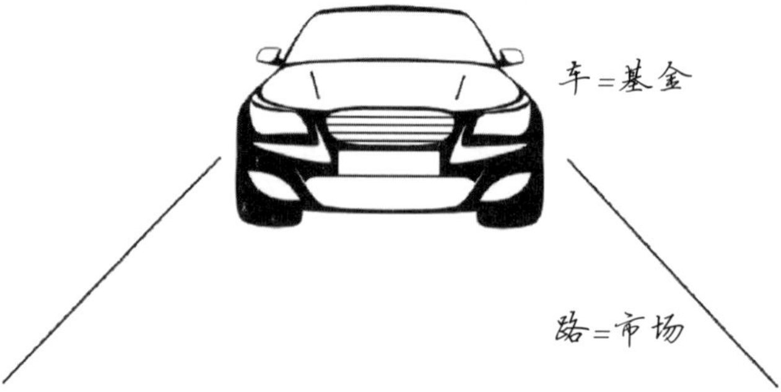

车和路，基金和市场，其实就是微观个体和宏观环境问题。基金赔了钱，可能是这一只基金管理得不好，也可能是整个市场不景气。于是，要想基金赚到钱，其实就需要解决如何选基金和如何选择市场时机这两个问题。

固收和权益

人们在买基金和理财产品时，听到和看到“固收”和“权益”这两个词的频率会非常高。很多对理财知识有一定了解的人知道，固收和权益是按照产品投资范围的一种分类。但是它们具体代表了什么呢？

固收，即固定收益，指的是按照预先确定好的收益率获取收益，比如债券、存单、优先股这些证券都是有约定收益率的，这些都属于固定收益类资产，简称固收资产。投资于固定收益类资产的基金、银行理财产品等金融产品，就是固定收益类产品。权益类资产则是通过股权投资而享有股息收益权的资产，包括股票、权证等。投资于权益类资产的基金、银行理财产品等金融产品，就是权益类产品。权益类资产的收益与所投资主体经营情况密切相关，被投企业利润高，分红就可能多，或者市场价格就会上涨，持有或卖出资产所获的收益就多；而固定收益类资产的收益通常不会受到企业经营业绩的影响，无论企业经营好坏，都是按照固定的利率支付收益。固收资产通常都是债权资产，而权益类资产通常都是股权资产。详见图 3–1。

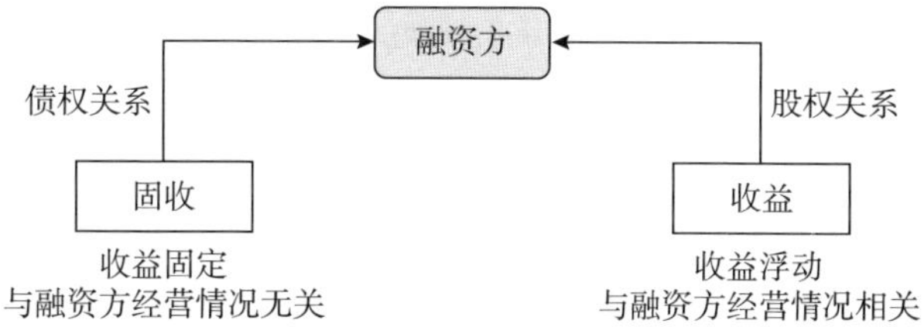

图 3–1 固收和权益对比示例

固收类基金指的是投资标的是债券等具有约定收益率证券的基金，如果加入不高于 20% 的权益类资产作为增强收益的手段，一般被称为固收 +。权益类基金则指的是投资标的含有 20% 以上股票的基金，包括股票型和混合型基金。包括银行理财产品在内的其他资产管理产品亦然。

基金的分类

固收和权益只是按照投资范围进行的最粗略的大类区分，而基金的分类还有很多种，多到令人目眩。还是借用汽车来做个比较。按照功能与用途，汽车分为轿车、卡车、大巴车、面包车等；公募基金也分为股票型基金、债券型基金、混合型基金、货币市场基金等，这是按照公募基金的投资方向分类的，也是核心分类。当然，每一种功能的汽车还可以进行进一步细分，比如轿车还可以分为紧凑型轿车（A 级）、中型轿车（B 级）、舒适型轿车（C 级）、豪华型轿车（D 级）、带有越野性质的运动型多功能车（SUV）等。同样，债券型基金也可以分为仅投资债券市场的纯债基金、可以投资股票一级市场和可转债的一级债，以及可以投资股票二级市场的二级债。

不过完全不必为基金琳琅满目的分类而困惑，我们只需要了解几个核心分类即可。那什么是核心分类呢？核心分类是按照基金投资各类资产的比例对基金进行划分的，详见表 3-1。

·划重点·

- 80% 以上的基金资产投资于股票的，是股票型基金。
- 80% 以上的基金资产投资于债券的，是债券型基金。
- 仅投资于货币市场工具的，是货币市场基金。
- 80% 以上的基金资产投资于其他基金份额的，是基金中的基金。
- 投资于股票、债券、货币市场工具或其他基金份额，并且股票投资、债券投资、基金投资的比例不符合股票型、债券型、基金中的基金规定的，是混合型基金。

表 3–1 基金类别划分

基金类别	投资范围	风险等级*	风险
货币市场基金	货币市场工具	R1	低风险
债券型基金	投资债券 >80%	R2~R3	中低风险
混合型基金	介于债券型和股票型之间	R3~R4	中高风险
股票型基金	投资股票 >80%	R5	高风险
基金中的基金	投资其他基金 >80%	R3~R4	中高风险

* 此处的 R 与前文的 PR 均为风险等级，R 多用于基金业务，PR 多用于理财业务。

股票型基金投资股票的比例在 80% 以上，属于预期收益和风险都在最高的基金类别。很多股票型基金会带有“价值”“成长”“平衡”的标签，这是对股票型基金投资偏好的一种细分。对于主要投资于价格被低估的股票的基金叫作价值型股票基金；主要投资于那些发展前景比较好、利润增长迅速的股票的基金叫作成长型股票基金；一部分投资价值股、一部分投资成长股的基金叫作平衡型股票基金。

债券型基金是基金资产 80% 以上投资于债券的基金。在中国，债券基金的投资对象主要是国债、金融债和企业债。债券型基金按照投资标的可以细分为仅投资债券市场的纯债基金、可以投资股票一级市场和可转债的一级债，以及可以投资股票二级市场的二级债。债券型基金按投资久期策略的不同可分为长债、中债、短债、超短债等类型，还能够按照所投资的债券类型不同分为利率债基金和信用债基金。其实以上这些拗口的债券型基金分类可以统统忽略，投资者可以简单地通过看债券型基金里是否含有股票而把债券型基金分为纯债基金和增强债基金即可，纯债基金是 100% 投资于债券的基金，风险等级一般在 R2，也就是前文提到的固收类别；加入 20% 以内比例可转债、股票等投资标的的债券型基金就是增强债基金，风险等级一般在 R3，也就是前文提到的固收 + 类别。

混合型基金可以理解为介于股票型与债券型基金之间的一种投资相对灵活的基金。根据混合型基金对股票与债券的投资比例和投资策略的不同，又可以分为偏股型基金、偏债型基金、配置型基金等类别。

货币市场基金已经在理财精进的第 1 天进行了详细阐述，这里不再赘述。

基金经理

基金经理是一只基金的灵魂人物，基金的风格、业绩其实很大程度上都取决于基金经理的操作。在美国电影《大空头》（*The Big Short*）中，导演刻画了华尔街赤脚基金经理迈克尔·布瑞（Michael Burry）投资的神来之笔。那么在现实中，基金经理又是什么样子呢？他们的工作情况如何，又如何来掌舵一只基金产品的投资呢？

基金经理是和市场打交道的。以股票型基金的基金经理为例，他们的主要工作是选股票进行投资。但是基金经理选股票和个人炒股是大不相同的，这个不同主要表现在程序和自由度上。个人买卖股票是非常随意的，但基金经理的投资操作有着严格的程序以及各种约束条件。首先，基金经理不是看上一只股票就可以随意买入的，这只股票必须在基金公司的股票池中，同时也必须符合基金合同投资范围限制的约定。股票池是基金公司的投资研究部门经过研究初步筛选出来的具备投资价值的一篮子股票，如果想买股票池以外的股票，就要先写入池报告。其次，如果基金经理想要重仓某只股票，一旦超过所管理基金仓位的某一比例（例如 5%），就必须向公司递交报告，阐述理由，获批后才能执行。同时，对于重仓的股票，必要时基金经理还需要对上市公司进行实地调研，深入上市公司内部直接探访其经营运作情况。

自由度也体现在人身自由方面。基金经理在交易时间里，所有通信设备是要上交的。为什么？因为要防止“老鼠仓”行为，即防止基金经理用短信通知家人进行“老鼠仓”操作的行为，这是一种违法行为。不过，基金经理可不是每天只坐在办公室看盘，他们出差也很频繁。日常出差的目的基本是三种：一是到上市公司调研，二是参加银行等渠道的路演，三是参加各种会议。

再说说压力。基金经理需要肩负常人所无法肩负的压力，以至于不少基金经理因过劳而英年早逝。为何会如此操劳？其实这和基金经理这个职业的性质有着密切的关系。基金经理这个职业，背负着他人的委托，他的每一个决策，都承载着千家万户的财富。

最后说说基金经理的养成。基金经理并不是在学校被培养出来的，而是在实践中逐渐成长并成为基金经理的。工作 5 年左右的研究员，如果工作比较踏实，都是有机会晋升为基金经理助理的。一开始他们不会独立掌管一只基金，而是管理某只基金的一部分仓位（例如 1 亿元）。一段时间后，如果业绩好，则会追加仓位；如果业绩不好，可能会被削减仓位。当业绩比较稳定，能够保持排名在同类基金中的半数以上位置的话（有的基金公司可能要求更高），就可以独立管理一只基金了。也就是自己拿到一只基金的绝大部分仓位或者全部仓位，正式挂牌成为独当一面的基金经理。还有很多基金经理是从商业银行的金融市场部门，证券公司的资产管理、固定收益部门，以及保险资产管理公司等同业机构发展的人才。

公募基金的选基大法

我国公募基金的数量在2019年突破了6 000只。基金的业绩表现参差不齐，如何从几千只基金中选择优质的基金，是投资理财真正的核心本领。选择主动管理型的公募基金，主要从三个方面来进行筛选和判断：过往业绩、基金经理、基金公司。具体操作中，我们可以使用“分位法”（定量）和“三要素法”（定性）两种方法来综合确定基金的投资价值。

分位法

分位法是依托基金净值大数据，将同类型的公募基金放在一组，对业绩进行阶梯性比较，以每25%为一个分位，将基金的业绩定位在优秀、良好、一般、不佳四个分位中的一个，以便迅速了解基金在同类产品中的排名位次。基金的分位排名在天天基金网、和讯网等各大网站以及一些银行的App中都能够查到，我们会看到类似图3–2和图3–3这样的界面。

	近1周	近1月	近3月	近6月	今年来	近1年	近2年	近3年
阶段涨幅	1.33%	-4.00%	1.33%	7.84%	-3.01%	-2.10%	-14.12%	-12.33%
同类平均	4.29%	2.47%	10.25%	17.34%	5.01%	32.90%	24.39%	32.65%
沪深300	1.54%	-5.81%	1.54%	8.02%	-3.34%	16.57%	0.62%	15.24%
同类排名	2183丨3186	2909丨3189	2827丨3140	2130丨3042	3014丨3187	2812丨2828	2439丨2469	1910丨1957
四分位排名	一般	不佳	不佳	一般	不佳	不佳	不佳	不佳

图 3-2　A 基金的分位法排名结果

资料来源：天天基金网。

	近1周	近1月	近3月	近6月	今年来	近1年	近2年	近3年
阶段涨幅	5.74%	19.94%	48.42%	89.57%	33.42%	135.00%	111.07%	145.45%
同类平均	4.29%	2.47%	10.25%	17.34%	5.01%	32.90%	24.39%	32.65%
沪深300	1.54%	-5.81%	1.54%	8.02%	-3.34%	16.57%	0.62%	15.24%
同类排名	303丨3186	5丨3189	7丨3140	5丨3042	5丨3187	3丨2828	8丨2469	8丨1957
四分位排名	优秀	优秀	优秀	优秀	优秀	优秀	优秀	优秀

图 3-3　B 基金的分位法排名结果

资料来源：天天基金网。

其实从分位法的排名结果很容易看出，A 基金在近 1 周和近 6 个月的表现为“一般”，在其他时间段的表现都是“不佳”，显然这只基金并不具备投资价值。而 B 基金在所有时间区间的表现都是“优秀”，显然是极具投资价值的，这只基金就可以初步筛选出来，作为投资备选产品。

用分位法选择基金无须关注过多的时间段，推荐关注四个时间段即可，分别是近 3 个月、近 6 个月、近 1 年和近 3 年。选出这四个时间段表现都为“优秀”或者都处在前 1/4 分位的基金，将它们放入备选池。成立时间不足 3 年的基金可以看 2 年业绩分位。但基金存续时间少于 1 年是很难判断其长期业绩表现的，建议谨慎选择。

·划重点·

分位法：

重点关注四个时间段，分别是近 3 个月、近 6 个月、近 1 年和近 3 年。选出这四个时间段表现都为“优秀”或者都处在前 1/4 分位的基金，作为投资备选产品。

另外需要注意的是，应当先确定好自己要投资基金的类型，是股票型，还是混合型，或者是债券型，再使用分位法选择基金。不同类别的基金不适合放在一起比较业绩。

三要素法

分位法属于定量评测，用分位法选出的基金还应进一步用三要素法进行第二轮筛选。三要素法是对基金的三个要素进行定性评测。

第一个要素是基金经理，基金经理需要满足以下四个条件：一是从业年限 7 年以上，10 年以上为最佳。基金经理的从业年限代表着他的投资经验，因此从业年限是一个重要指标。二是基金经理应经历过至少一轮完整的熊牛市，这种经历有助于在各种复杂的市场环境下做出准确的判断。三是基金经理管理基金产品数量不唯一，即所选产品不是基金经理唯一管理的产品，基金经理还同时管理有其他基金产品。优秀的基金经理往往会管理多只基金，如果只管理 1 只产品，说明基金经理在公司内部并未受到重视。另外，管理多只基金的基金经理也会对所管理的每只基金采取或多或少不同的投资风格，而对于业绩表现最好的一只，也一定会给予最优的资源配置。四是基金经理在过去 5 年内供职的基金公司数量不能超过两家，即 5 年内跳槽不超过 1 次。频繁跳槽也说明基金经理的投资管理或其他方面有可能存在问题，一次跳槽属于正常现象，但两次以上大概率是自身问题。

第二个要素是所选基金产品的规模。基金的规模要满足“适中原则”，下限不低于 1 亿元，因为太小的基金（基金规模持续低于 5 000 万元以下）将面临清盘风险；上限一般不超过 30 亿元（指数基金除外）。“船小好掉头”，规模过于庞大的基金并不利于主动投资管理，尤其在面对市场突发事件时，难以迅速调整投资方向。

第三个要素是基金公司。基金公司未必规模越大就一定越好，但大型基金公司的管理和风控机制相对更加完善，而中型基金公司则容易出现黑马。如果基金公司管理资产规模过小，则有可能管理层会花更多的精力在公司的生存上，而不是投资业绩。因此，所投产品的基金公司有效管理资产规模应该至少在 100 亿元以上。每年公募基金公司都会有公开数据统计公募基金管理总规模和有效管理规模，有效资产管理规模是剔除货币市场基金的规模。

这些要素在天天基金网等网站、代销机构 App 或者基金公司网站公示的基金招募说明书中都能够查阅到。

如果是理财顾问或者其他人推荐的基金，采取以上两个方法即可甄别基金的优劣。如果是自己对基金进行“海选”，采取以上

· 划重点 ·

三要素法：

1. 基金经理需要满足：
   - 从业年限 7 年以上，10 年以上为最佳。
   - 经历过至少一轮完整的熊牛市。
   - 管理基金产品数量不唯一。
   - 过去 5 年内供职的基金公司数量不能超过两家。

2. 基金规模需要满足：
   - 不低于 1 亿元且不高于 30 亿元。

3. 基金公司需要满足：
   - 有效公募基金管理资产规模超过 100 亿元。

方法一般能把目标范围从上千只同类基金中缩小至几十只。此时，如果更关注收益，就选择过去 1 年收益最高的几只基金进行投资；如果更关注风险，就选择过去 1 年回撤最小的几只基金进行投资。回撤指的是在一段时间内基金下跌的幅度，往往用于衡量基金抗风险的能力。另外也可以使用“一票否决”来进行基金的筛选，对于在过去半年内更换了基金经理和基金公司总经理的基金产品，可暂时避免投资。

最后，在选定基金之后的投资过程中，还应该做好基金的后续观察和管理，如果后续有运作不佳的基金，可以及时调整仓位或赎回。在持有基金的过程中，可以采取以下操作：

- 尽量拉长投资期限。

- 尽量减少频繁操作。
- 尝试定投。
- 通过多元投资（多投资几只基金）分散风险。
- 如为长期投资，分红模式尽量选择“分红再投资”。

· 划重点 ·

在持有基金的过程中，可以采取以下操作：

- 尽量拉长投资期限。
- 尽量减少频繁操作。
- 尝试定投。
- 通过多元投资（多投资几只基金）分散风险。
- 如为长期投资，分红模式尽量选择“分红再投资”。

基金公司不会说的秘密

很多投资者在买基金的时候，可能都有这样的经历：销售人员向你推荐产品时，宣称历史收益多么优秀、预期看好、基金经理是如何厉害……但最终的收益情况有时却不尽如人意，到那时销售人员要么以宏观市场为由进行解释安抚，要么干脆已经离职。其实这都是基金销售的套路，这里揭秘几个基金公司永远不愿意告诉你的秘密，让你能够火眼金睛，轻易识破这些套路。

第一个秘密：他们只拿好的业绩来说事儿，从不提那些不好的。你可能经常听到：我们去年权益类产品有 8 只基金的收益率都排在同类产品的前 10%，12 只产品跑赢大盘，有 3 只产品获得金牛奖。但你绝对没有听过：我们去年的权益类产品有 4 只在同类产品中业绩垫底，10 只产品跑输大盘，有 1 只产品净值腰斩。不得不说的是，每家基金公司类似的基金产品会有很多，一定有一两只业绩好的。但是这并非欺骗，比如汽车销售人员会告诉你，这辆车的百公里加速是 7.2 秒，有 10 个安全气囊，配有自动感光大灯和座椅加热，但他不会说这辆车没有配备 ESP 电子稳定系统，没有配备全尺寸备胎，没有配备倒车影像。所有的销售人员都只会展示自己有竞争力的一面，而那些劣势，则需要我们自己去比较和发现。

第二个秘密：明星基金更受优待，垃圾基金更受嫌弃。业绩越好的基金，越能壮大规模，就越受基金公司的优待；而业绩越差的基金，规模不断萎缩，甚至沦为垃圾基金。一些极端情况，垃圾基金会被公司作为向明星基金利益输送的工具。但是垃圾基金很好识别，一般是一些长期业绩差、规模小的产品，投资者在选择基金时，避开即可。

第三个秘密：处于募集期的新基金，别着急买。新基金的认购费一般会低于存续期的申购费，这是新基金的优势。但是不要忽略了新基金募集期的资金占用成本，有的新基金募集期长达 1 个月，资金可以先选择投资货币基金，等基金募集期进入最后一两天时再进行申购，两不耽误。试想，如果你打算认购 10 万元的基金，假设货币基金的平均 7 日年化收益率是 3%，1 个月的资金占用成本就是 250 元，虽然不多，但也够买一周的咖啡了。

第四个秘密：“新基金的净值低，成长空间大”，这个说法根本不成立。前文介绍了新基金发行时压力会比较大，有时会有销售人员建议你认购新基金，因为净值从 1 元开始，未来成长空间大。这个说法完全是错误的，因为基金的净值与基金的价值完全是两个维度的概念。基金的价值由基金的投资决定，并不由基金的净值决定。一只单位净值是 5 元的基金，未必在一定期限内就会比一只单位净值是 0.5 元的基金收益差。

· 划重点 ·

- 基金销售时的宣传往往会拿产品的亮点进行营销，而不会说不足，购买时需要自行甄别。
- 明星基金更受优待，垃圾基金更受嫌弃，购买基金应避开长期业绩较差、规模较小的基金。
- 处于募集期的新基金，别着急买，可以等募集结束日期接近时再购买。
- 基金净值的高低与基金成长性无关。

指数基金

指数基金是以某一指数的成分股票为投资标的的基金，基金通过购买该指数的全部或部分成分股票构建投资组合，达到追踪或复制目标指数表现。比如沪深 300 指数基金，就会把组成沪深 300 的成分股票装进这只基金，这只基金会跟随沪深 300 的价格波动而波动。买这只指数基金，就相当于买了整个沪深 300 的所有股票。如果是 ETF（交易型开放式指数基金），还可以使用指数基金份额和成分股票进行互换。

指数基金有三大突出特点，分别是被动管理、费用低廉、规模大。首先，指数基金是被动基金，这是相对于那些由基金经理操盘的主动基金而言的。经常有投资者会嫌一些主动基金涨的时候不如大盘涨得快，而跌的时候却比大盘还要惨。发生这种情况，基金经理的能力确实该受到质疑。但是选择指数基金，你将不再为基金经理的个人能力而买单，因为你买的是整个市场。其次，指数基金的费用较低，尤其是 ETF，管理费、托管费都相当于普通股票基金的 1/3 左右。再有就是指数基金一般规模都比较大，理论上会永远存续下去，不会像有些管理不善的基金，逐渐沦为僵尸基金甚至清盘。

指数基金由于费用低廉、规则简单、风险分散、透明度高的特点，在发达国家非常受欢迎。投资者不需要过多考虑基金过往业绩、基金风格、基金经理等因素，将精力放在指数的选择上即可。2017 年年末在美国共同基金中，ETF 规模达 3.40 万亿美元，指数基金规模达 3.37 万亿美元，合计占美国共同基金的 30%。2018 年年末中国公募基金的 ETF 规模为 2 488 亿元人民币，指数基金为 4 280 亿元人民币，合计占比中国公募基金的 5.2%。详见图 3–4。

针对指数，又分为三类，包括综合指数、宽基指数和窄基指数。综合指数涵盖一个市场所有的股票，用于反映全市场的整体情况，比如上证综合指数。按照美国证券机构的标准，宽基指数的条件如下：含 10 只或更多只股票；单个成分股权重不超过 30%；权重最大的 5 只股票累计权重不超过指数的 60%；

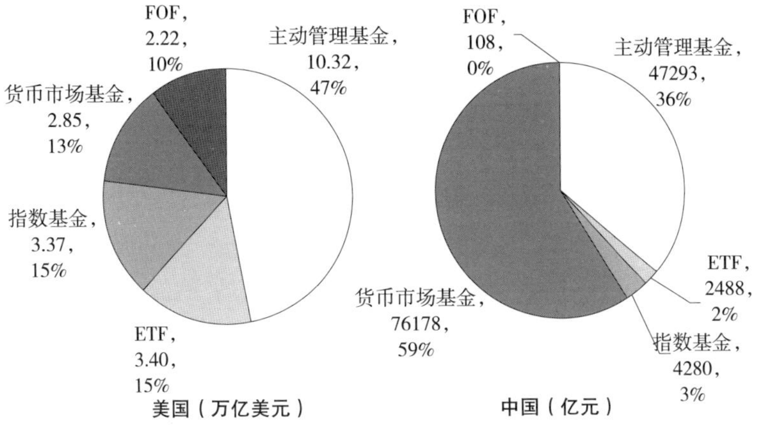

图 3–4　中美各类基金占比情况对比

成分股平均日交易额超过 5 000 万美元；包含行业种类要多。比如沪深 300 指数、上证 50 指数、中证 500 指数、中证 800 指数等都属于宽基指数。与宽基指数相对的是窄基指数，窄基指数对成分股票的选择是有条件、有选择的，多为行业指数、主题指数等，如白酒主题指数、养老产业指数、医药行业指数等。详见图 3–5。

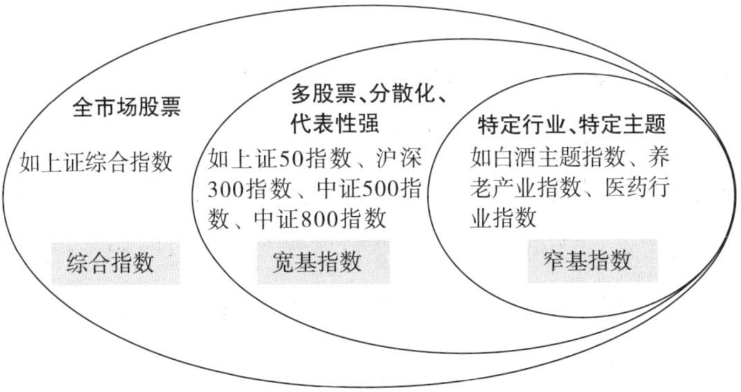

图 3–5　三种指数示例

如果你没有时间仔细挑选主动管理类基金，或者并不信任基金经理的管理能力，那么指数基金就是非常好的选择。在单边牛市中，指数基金通常能够比主动管理类基金获得更大的涨幅。

·划重点·

- 指数基金的费用更加低廉。
- 指数基金采取被动投资策略，风险相对分散，能够保持与市场收益同步。
- 在单边牛市中，指数基金通常能够比主动管理类基金获得更大的涨幅。
- 如果看好某一行业，可选择该行业的窄基指数进行投资。

克服人性弱点的基金定投

很多投资者在进行权益类资产的投资时，总是发现自己很难找到正确的“交易时机”，总是自己一买就跌，一卖就涨，成为“追涨杀跌”的典型。其实“追涨杀跌”是人性恐惧和贪婪的真实反应。当市场位于低位时，本来应当买入，但这时候人性是恐惧的，人们总是害怕市场进一步下跌。当市场开始上涨时，人们又迟迟不敢入场，或者一点一点挤牙膏一样地加仓，耽误了时机。当市场位于高位，本来应当卖出，但人性这时反而是贪婪的，总觉得还有空间，不能踩空，最后被“割了韭菜”。

其实即便是专业人士，也很少有人能准确预判市场的“底”和“顶”，做到低买高卖。低买高卖也称为择时（market timing）。美国经济学诺贝尔奖得主威廉·夏普（William F. Sharpe）曾指出，投资者要对市场预判达到74%以上的准确率，才能通过择时获得盈利。如果是买入和卖出都分别踩到市场的最低和最高点上，要比在空中接住一把飞刀都难。

基金定投完美地解决了这一问题。定投是在约定的时间对预先选定的基金自动投资，日积月累，基金份额积少成多。更重要的是，不论基金净值如何变化，定投会平滑基金的申购成本。举个例子（如表3–2），投资者每月1日定投1 000元某基金，在基金净值高时，申购的份额就少一些，基金净值低时，申购的份额就多一些，综合下来，这位投资者的平均成本是1.5425元。

表 3–2 一个基金定投的例子

时间	1月	2月	3月	4月	5月	6月
基金净值	1.400	1.450	1.510	1.705	1.650	1.540
申购金额	1 000	1 000	1 000	1 000	1 000	1 000
申购份额	714.28	689.65	662.25	586.51	606.06	649.35

如果说投资指数基金是对冲个股或个基风险，那么定投就是对冲择时风险。定投一直受到基金管理公司的热捧，销售人员会给你列出很多定投的优势，比如平滑成本、积少成多、省时省力、复利效果等，但核心的功能就是对冲择时的不确定性，剩下的只要坚持就可以了。唯有长期坚持，才能收获成果。

基金该买 A 类还是 C 类?

在购买公募基金的时候，你经常会发现同一只公募基金产品却分为 A 类和 C 类两种，有的基金还会有 B 类、E 类，那这些分类是什么意思呢？买基金时又该如何选择呢？

这些分类其实是针对同一只基金的不同份额进行了区分。通常的分类有三种：按照收费方式不同进行分类、按照渠道不同进行分类和按照风险及收益权不同进行分类。

最常见的一种分类方式是针对不同的手续费收费方式分为 A 类和 C 类。A 类份额是前端收取申购费，申购费是在购买时一次性扣收的手续费。比如一只基金的申购费是 1.5%，那么你买 1 万元基金实际就只有 9 850 元的份额，有 150 元直接作为申购费一次性扣除了。而 C 类份额则不收取申购费，但收取销售服务费。销售服务费的计费方式不是一次性扣收，而是采用与管理费和托管费相同的持续性计提方式，即每持有一天基金，就从当天的份额里计提这一天对应的服务费。比如一只基金的服务费是 1%，那么每 1 万元基金份额每天会被计提 0.274 元的服务费（1 万元 × 1% ÷ 365），一年就是 100 元。

那么买基金的时候，该选 A 类还是 C 类呢？如果打算短期或阶段性持有基金（1 年以内），选 C 类份额所支付的手续费总额会更少。如果准备持有基金超过 1 年半，或者是做基金定投，那么选 A 类会更划算。

· 划重点 ·

短期持有选 C 类，长期持有选 A 类。

需要注意的是，很多基金针对持有时间少于 7 天和 1 个月的情况会收取惩罚性赎回费，因此申赎基金尽量避免短期内频繁进出，以避免被征收高额的赎回费。

按照渠道不同的分类无须特别在意，往往在一个渠道只能买到一种基金类别，并不需要进行主动选择，例如部分货币市场基金针对电商渠道会单独设置 E 类份额。

按照风险及收益权不同进行分类的是分级基金，分级基金会有一只母基金，母基金由一定比例的 A 份额（优先级）和一定比例的 B 份额（劣后级）组成，优先级享受固定收益，承担较小风险；劣后级享受优先级以外的全部超额收益，但也会承担高风险。

DAY 3 精进知识回顾

第 3 天的理财精进内容是公募基金的投资。**主要的知识点包括：**

1. 对于主动管理型的公募基金，可以使用定量的分位法和定性的三要素法对基金进行筛选。分位法可以关注基金在近 3 个月、近 6 个月、近 1 年和近 3 年这四个时间段的表现，均为

“优秀”或者均处在前 1/4 分位的基金，是定量业绩较好的基金，可作为投资备选产品。

三要素法分别对基金经理、基金规模、基金公司进行定性筛选。基金经理需要满足：从业年限 7 年以上，10 年以上为最佳；至少经历过一轮熊牛市；管理基金产品数量不唯一；过去 5 年内供职的基金公司数量不能超过两家。基金规模需要满足不低于 1 亿元且不高于 30 亿元的要求。基金公司需要满足有效公募基金管理资产规模超过 100 亿元的要求。

2. 如果不想浪费精力选择主动管理型基金，也可选择被动型指数基金。指数基金的几个特点如下：

- 指数基金的费用更加低廉。
- 指数基金采取被动投资策略，风险相对分散，能够保持与市场收益同步。
- 在单边牛市中，指数基金通常能够比主动管理类基金获得更大的涨幅。
- 如果看好某一行业，可选择该行业的窄基指数进行投资。

3. 在投资和持有基金的过程中，还可以应用以下几个技巧：

- 尽量拉长投资期限。
- 尽量减少频繁操作。
- 使用基金定投可对冲择时风险。
- 通过多元投资（多投资几只基金）分散风险。
- 如为长期投资，分红模式尽量选择“分红再投资”。

4. 在面对基金销售人员的营销时，应当注意几点：

- 基金销售时的宣传往往会拿产品的亮点进行营销，而不会说不足，购买时需要自行甄别。
- 明星基金更受优待，垃圾基金更受嫌弃，购买基金应避开长期业绩较差、规模较小的基金。
- 处于募集期的新基金，别着急买，可以等募集结束日期接近时再购买。
- 基金净值的高低与基金成长性无关。

5. 针对按照收费方式区分为 A 类与 C 类份额的基金，在短期持有时选 C 类更划算，在长期持有时选 A 类更划算。

DAY 4

保险配置的最优方案

¥ · € · $

保险真的有必要买吗?

保险本身是一种防患未然、未雨绸缪的机制，人们通过小额资金投保，在意外和不幸发生时获得大额应对资金或损失补偿。保险制度可以说是人类社会发展的经典制度之一，这种“抱团取暖”的机制可以让每一个参与的人不必再为突如其来的小概率事故而投入过多的精力和资金进行预防。

保险在人们的生活中发挥着非常重要的作用，保险机制可以用来对抗未知的“命运”。没有人知道自己会在未来遇到何种意外，罹患何种疾病，遭遇何种损失，没有保险就只能“听天由命”，而保险的作用就是用目前担负得起的少量资金去“对冲”未来的这些不确定性。

保险是理财的一个重要组成环节，是不可回避的一个问题。比起技巧，保险的观念显得更加重要。发达国家的理财观念呈现出“低储蓄、高保险”的形态，推崇信用消费，提前享受人生。而中国却恰恰相反，呈现出显著的“高储蓄、低保险”现象，信用消费普及度并不高，近年来年轻人的信用消费虽然有所提升，但老年人仍然不舍得花钱。而且，保险这个行业在中国的接纳度并不高，甚至曾经由于营销手段过于激进，被很多人所排斥。据统计，美国的投保率为 420%（每人平均持有 4.2 份保单），日本的投保率更是高达 650%，而中国的投保率只有不到 60%，人均持有保单数量尚不足一份。反观储蓄率，美国只有 5.6%，中国却高达 52%。

图 4–1 是 2017 年部分国家保险密度和保险深度的数据。我国的保险密度和保险深度都远远落后于发达国家，也落后于全球平

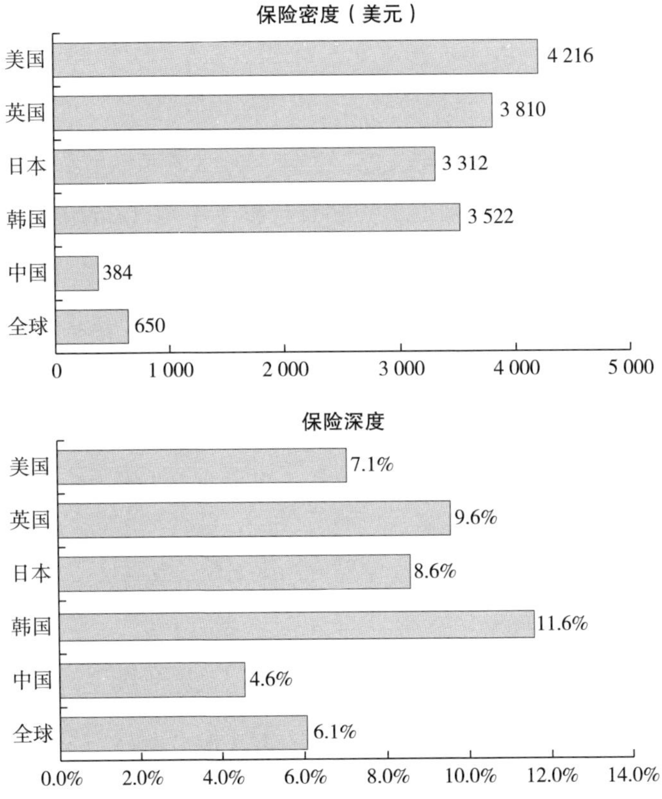

图 4–1　各国保险密度和保险深度数据对比

注：保险密度是所统计区域内常住人口平均保险费的金额，保险深度是所统计区域保费收入占该区域国内生产总值（GDP）之比。

均数值。这直接反映出我国保险普及率的低下。

不接纳保险的人们有着自己的逻辑，他们认为重疾和意外的概率比较小，每年都为了尚未发生的小概率事件花费一笔钱，没有必要。但事实是，意外和重疾无处不在。2015 年全国恶性肿瘤发病人数为 393 万人，因恶性肿瘤死亡 234 万人；同年交通事故共 1 059 万起，因交通事故死亡 6.8 万人；如果对数字不敏感，那么给出一组参考数据，2015 年我国全年死亡人数为 975 万人。也就是说，每年因癌症死亡的人数占总死亡人数的 24%，因交通事故死亡的人数占 0.7%。每 4 个人就有一个人死于癌症，每 1 000 个人里有 7 人死于交通事故。这个比率是小概率吗？

恶性肿瘤只是千万种疾病的一种，交通事故也只是千万种意外之一，对比一下就知道重疾和意外根本不是什么小概率事件，这些危险其实就在每个人身边。

理财的目的是更好地生活，但理财观念与认知上的不足，使得人们没有办法以最优的理财配置来达到期望的目的。“高储蓄、低保险”的观念导致很多老人一辈子省吃俭用却难以致富，因为他们的储蓄大多被通货膨胀所消耗，也造成了千家万户“一场疾病用尽一生积蓄”的悲剧。

所以，保险，有必要吗？

四要素甄别一切花样保险

虽然我国的保险普及率不高，但保险产品却很丰富。分红险、返还险、万能险、投连险……对于刚刚接触保险的人而言，花样繁多的保险产品给人的感觉就像男士走进化妆品商店或者文科生面对微积分，完全是懵的。

其实无论再复杂的保险，只要抓住保险的四个要素，就能迅速了解一款保险产品的核心。这四个要素包括：缴多少保费？保什么内容？保多长时间？赔多少额度？如果面对保险销售人员的推荐，也可以通过询问这四个问题迅速了解保险产品的情况。

· 划重点 ·

任何复杂的保险产品都可以通过以下四要素来迅速了解其核心内容：

- 缴多少保费？
- 保什么内容？
- 保多长时间？
- 赔多少额度？

对于保险产品的选择，还有一条建议：原则上不推荐购买任何附加投资功能的保险产品，比如万能险、投连险等。保险的核心功能是保障和风险转嫁，而不是投资理财。购买保险不是以获利为目的，而是保障投保人家庭不被不幸出现的小概率事件所击垮。

不推荐购买带有投资附加功能的保险，并非对保险公司的投资管理能力有任何质疑，而是很多附加了投资功能的保险产品使保险的本质发生了偏移。比如万能险涵盖的保险范围特别广，这也能赔、那也能赔，而且 20~30 年后获得的返还金额在投保的时点看起来特别具有吸引力。但实际上，一方面，万能险虽然所保的种类繁多，对于每一个险种的保额却非常有限，而且还有一些险种是多数人几乎用不上的保险权益。真正出险时，由于保额限制，能起到的作用会大打折扣。另一方面，万能险是一个长期投入的险种，如果投保金额少则很难发挥作用，如果投保金额大则会极大地占用现金的流动性，对当下生活质量的影响非常明显，20~30 年后拿到的一笔在投保初期看似"可观"的投资返还，其实在到手时也并不是那么"值钱"了。而且遇到诸如买车、买房等需求需要现金时，理财资金的流动性掌握在自己手中，但保险是没有流动性的，中途退保也会造成很大的损失。

·划重点·

原则上不推荐购买任何附加投资功能的保险产品。

因此，在购买保险产品时，只要选择单纯的保险保障类产品即可，不需要混同投资和理财的功能。我们可以另行通过理财来完成投资增值，将保险和理财实现分隔，将有助于我们更好地运用手中的钱，极大地提高资金的运用效率。

保险的两大核心分类

通过前文的介绍，我们了解了保险的重要性，也知道了应当尽量选择单纯的保障类保险。但是很多人没有时间和精力详细研究保险的分类，不清楚各类保险的功能，区分不出不同产品之间的差别，在保险的选择上非常迷惑。下面我们介绍保险的两大核心分类，看完之后就能区分各种保险产品了。

按保障对象分类

按保障对象的不同，保险可分为两个大类：财产保险和人身保险，简称产险和寿险。区分起来很简单，财产保险是以财产作为标的的，比如车险；人身保险是以人的生命或健康作为标的的，比如重疾险。

在财产保险类别下，又分三个子类：第一类是财产损失保险，比如你网购的玻璃器皿在快递的过程中摔坏了需要赔偿，这是快递险，就属于财产损失保险；第二类是责任保险，比如你为车辆购买的第三者责任保险；第三类是信用保证保险，比如出口信用保险。这三类财产保险中以机动车辆保险占比最大。

在人身保险类别下也分三个子类：第一类是人寿保险，比如定期寿险和终身寿险，被保险人的年龄到达一定岁数或者身故将获得保额；第二类是人身意外伤害保险，比如航空意外伤害保险，乘飞机不幸发生意外将获得赔偿；第三类是健康保险，比如重大疾病保险（即重疾险），当被保险人罹患某些重大疾病将获得赔偿。这三类中人寿保险占比最大。

表4–1列示了按保障对象分类的保险。

表4–1　保险产品按保障对象的分类

分类	子类	细类	举例
财产保险	财产损失保险	财产险	家庭财产保险
		货物运输保险	快递险
		运输工具保险	机动车辆保险
		农业保险	种植业自然灾害保险
		工程保险	建筑工程一切险
	责任保险		公众责任保险第三者责任险
	信用保证保险		出口信用保险 合同保证保险
人身保险	人寿保险		定期寿险 终身寿险
	人身意外伤害保险		旅游意外伤害保险 航空意外伤害保险
	健康保险		重疾险 住院医疗险

按保险功能分类

保险的基本功能是保障，但也有很多险种附加了分红和理财功能。其实区分起来也很简单，首先保险分为消费型和返还型，两者的区别是期满是否返还保费及收益。消费型保险是一次性支出，返还型保险在期满后还会返还保费及收益。在此基础上，保险又分为很多类别，只要看懂保险的核心与叠加的功能就很容易分辨，也很容易判断是否适合自己了。

消费型保险——纯保障

其实无论是什么保险产品，都有一个基础的属性，就是保障。这个保障就是保险最原始的业务，当意外发生时，被保险人可以获得赔付。基础的保险业务是只含有保障这一种功能的产品。比如车险，人们每年都要给汽车投保车险，如果驾驶汽车时发生了意外碰撞，保险公司会给予赔付；如果没有出险，保费也不再返还。再比如意外险，如果一家公司给每位员工每年花 200 元购买了 20 万元的航空意外险，当某位员工不幸乘飞机遭遇了事故，则员工家属会获赔 20 万元的赔偿。保障型保险可以被看作一种消费，保费是一次性支出，目的只是应对意外的发生，不含有任何投资属性，保费成本也最低。所有其他的保险产品都是基于保障这个基础属性再附加其他的功能衍生出来的，有的是附加储蓄功能，有的是附加分红功能，还有的是附加投资功能。

储蓄型保险——保障 + 储蓄

这类保险在保障的基础上，附加了储蓄的功能。理解起来很简单，这类产品的保费除了能够在发生意外时提供基础保障，还具有类似银行存款的功能，在保险期满或条件达成时，可以支取保费并获得一定的利息。你也可以认为这种保险就是把钱存在银行且保险公司额外附送了保障型保险。举个例子，普通寿险就是典型的保障 + 储蓄型产品。保障的期限可以是定期（例如到投保人 70 岁终止），也可以是终身（到投保人身故）。在期限期间，如果被保险人被诊断出重大疾病，则可获得赔偿。到达保险期限后，会返还本金和约定的利息。

分红型保险——保障 + 储蓄 + 分红

在普通寿险的基础上叠加分红功能的就是分红险，分红险的投保人除了可以获得保单规定的保障，还可以享受保险公司的经营成果的分红。在我国，根据监管规定，分红险可分配保险公司应将上一年度盈余的 70% 分配给客户。分红险与普通寿险的主要区别在于，普通寿险采用固定的储蓄利率，很可能到期时因为通货膨胀导致到手保额资金的购买力大大下降；而分红险采用浮动利率，能够参与分配保险公司的经营收益，所以在对抗通货膨胀方面会更有优势。

万能型保险——保障 + 储蓄 + 投资

万能险在普通寿险的基础上，叠加获取投资收益的功能。万能险会在普通寿险账户的基础上，另外开立独立的投资账户，在扣除费用及保障成本后的保费会进入这个投资账户专门用于投资。万能险可以分为本金和基础收益的部分以及额外获得投资收益的部分，相当于普通寿险加持了独立账户投资。之所以叫万能险，是因为这种险种还具有缴费自由的特点，可以用于子女教育基金、婚嫁金、创业金或者养老储备等用途。

投资连结型保险——保障 + 投资

投资连结型保险也称投连险，这种保险可以理解为投资基金或理财产品，投保人缴纳的保费在扣除费用及保障成本后，全部进入一个或多个相互独立的投资账户用于投资。投资的盈亏完全由保单持有人承担，保险公司只收取投资管理费，不对本金和收益提供任何保证。所以投连险实质上就是基础保障保险叠加了投资基金的功能。

人身保险买多少合适？

保险买多少合适？买少了，当意外来临时，保险只能在一定程度上缓解问题，而不能彻底避免生活质量的下降；买多了，所缴纳的高额保费会对当下的生活形成比较大的冲击，直接降低当前生活质量。那么，人身保险，究竟买多少合适呢？

要回答这个问题，我们首先要弄清楚几类重要的人身保险的功能。虽然前文已经做了介绍，但这里还是有必要通过一张图全面了解各类人身保险的功能。

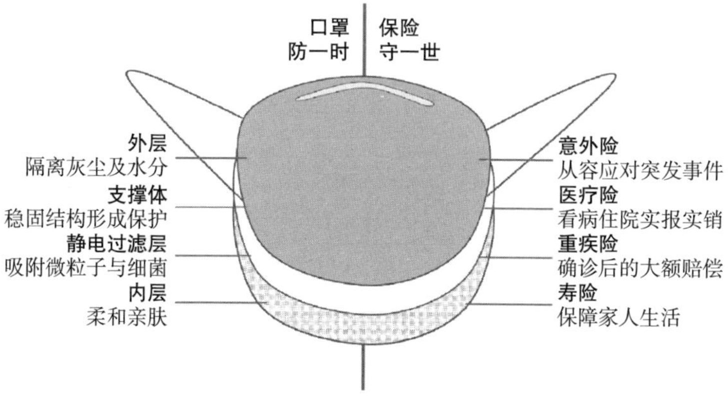

图 4-2　人身保险的分类

图 4–2 非常形象地将几类人身保险与口罩的防护层进行对比，也为人们普及了人寿保险的分类：

- 意外险是用于应对交通事故等突发意外事件致人死亡或残疾的一次性赔付。
- 医疗险是用于报销因罹患疾病所发生的治疗费用的保险。
- 重疾险是用于应对那些危害性极大的疾病的大额赔付。
- 寿险是用于应对被保险人身故而获得赔付的保险。

医疗险通常是消费型保险，一年保费 200~600 元不等，总报销额度在 100 万 ~400 万元，足以应对不同疾病的医疗花费。医疗险只能用于报销直接医疗费用，而病人看病期间的交通费等间接医疗费用并不包含在内，而且一些重病会使人在一段时间内失去工作能力，期间的误工费也不能通过医疗险解决。然而生活还要继续，抵押贷款和信用卡还要还款，这时重疾险的作用就体现出来。

重疾险的保险额度应参考自身收入确定，这里引入一个“保额收入比”的概念，即保险额度与被保险人 1 年税后收入的比例倍数，这一数字代表被保险人出险后能够在不工作的状态下仅凭保费维持多少年出险前的收入水平。建议配置重疾险等险种的“保额收入比”应不低于 1 倍，不高于 5 倍。比较推荐的“保额收入比”是 2 倍。这样既不会因为过高的保费负担影响当前生活质量，又能在出险时靠所获偿的保额保证在即便在 2 年内不工作也可使生活水平不受影响。

· 划重点 ·

- “保额收入比”是保险额度与被保险人 1 年税后收入的比例倍数。
- “保额收入比”应不低于 1 倍，不高于 5 倍。
- 比较推荐的“保额收入比”是 2 倍。

主要针对身故的意外险和寿险更多的是在家庭支柱因意外身故时，留给家人一份保障。意外险和寿险的投保额度可以参照重疾险。市场上绝大多数的意外险都是消费型的，百元左右的意外险一般会包含 100 万元左右的航空意外、20 万元左右的意外身故及伤残、15 万元左右的交通工具意外赔付额度。如果额度不够可以重复购买多份即可。值得注意的是，很多单位会给员工上意外险，一些银行的白金信用卡也会免费赠送意外险，如果额度足够则可不必额外购买，额度不够可自行补充购买。寿险可根据被保险人在家庭中的收入占比进行灵活调整，如果占比很大，则可选择较高的额度；如果占比较小，则可选择较低的额度。

单身族的 1+N 保险方案

从大学刚毕业开始工作到独身未婚的资深白领，都是自己挣钱自己花的状态。在青年单身族时期，一般收入相对有限，很多年轻人会为自己的第一套房子而奋斗，而且这个时期的男孩子还要为找女朋友而花费不菲，女孩子也会花很多钱在旅游、服装、护肤等方面，因此很难留出多少资金来购买保险。不过，这个时期的保险也并不需要多少钱。

作为一个青年单身族，投保的主要目的是保障自己优雅的生活不会被突如其来的意外或疾病所影响，同时为自己未来的生活做好铺垫。于是青年单身族的保险可以采取“1+N”的保险方案。

单身族 1+N 的保险方案中的 1 是重疾险。重疾险的保费随着被保险人的年龄增长会呈现快速爬升，因此越早买重疾险，性价比越高。各家保险公司的保险产品其实大同小异，表 4–2 列举一款某一线保险公司的终身重疾险的价格表，保险额度为 30 万元，分 20 年期缴。

表 4–2　某保险公司终身重疾险（100 年）/ 保险额度 30 万元 /20 年缴示例

男性		女性	
投保年龄	每年保费（元）	投保年龄	每年保费（元）
25 岁	6 360	25 岁	5 610
30 岁	7 470	30 岁	6 600
35 岁	8 850	35 岁	7 770
40 岁	10 560	40 岁	9 150

注：60 种重疾 /22 种轻症 / 轻症给付 3 次 / 轻症豁免剩余保额。

如果被保险人是男性，在 25 岁时投保，每年保费只要 6 360 元。而如果不小心错过了这个黄金时期，15 年后才想起来投保，在 40 岁时每年的保费已经过万。终身重疾险可以伴随自己一生，所以趁年轻时，应该尽早给自己投一份重疾险。前文提到过，重疾险的保额可以是自己收入的 1~5 倍，一般推荐 2 倍。比如 28 岁的小金先生年收入是15万元，按照2倍的“保额收入比”，就很适合直接购买这款保额为30万元的保险，每年保费大约在7 000元左右，不到年收入的5%，并不会影响他的生活，却能为他增加一份终身保障。如果有能力希望买更高额度，比如60万元保额，直接按照上述方案买两份即可。

如果被保险人是女性，则无论何时投保，按照上述这款保险方案，每年保费都会比男性低1 000元左右。这也是保险行业的规律，同龄的男性会比女性的保费要高出不少。这主要是因为男性所患各类疾病的平均发病率比女性要高，男性的平均死亡年龄也比女性要早，因此保险公司对男性的赔付就会更多。通过精算，针对男性被保险人的保费成本自然也就会更大。

至于其他的保险，在单身族阶段可以少买或者不买。通常大学毕业工作之后都会有五险一金，很多工作单位还会给员工上额外的医疗险。30岁前后在一个人的生命周期中是身体最好的一个阶段，患病率极低。即便生了病，在绝大多数情况下，基本医疗保险和单位的补充医疗保险是完全能够应对相应的医疗开支的。如果不幸患了重疾，那么会有前文提到的重疾险来赔付。因此这个阶段是可以只买重疾险而不买医疗险的。值得一提的是，对于年轻女性而言，如果自己的母亲患有乳腺疾病，则推荐尽早购买医疗险并且每年续保。因为一旦未来乳腺检查出结节或肿瘤，则在此后投保医疗险时，会被要求乳腺疾病的除外责任，即不再针对乳腺相关疾病进行赔付。如果在未发生乳腺结节或肿瘤之前开始投保，只要每年续保，即可终身享受相关保障。

意外险和寿险也是不必要的。开个不恰当的玩笑，对于尚未成家的单身族，请问万一自己不幸离世，是打算留一笔巨额赔付给邻居吗？但如果是独生子女，且父母没有稳定的收入，则可以为自己投保意外险和寿险，受益人写父母的名字。这样一来如果自己意外去世，能够留下一笔赡养老人的钱。如果工作单位给员工上有意外险，则本人也无须另行购买。

·划重点·

单身族买保险可选择“1+N”方案：

- 趁年轻尽快给自己选择一款适合的重疾险，能够获得较高的性价比，也给未来的自己一份保障。
- 单身族可不购买医疗险、意外险和寿险，如果有特殊需求，可自行适当选购。
- 对于年轻女性而言，如果自己的母亲患有乳腺疾病，则推荐尽早购买医疗险并且每年续保。

家庭顶梁柱的 4 全保险方案

所谓家庭顶梁柱，是指一个家庭的收入主力，一般是“上有老、下有小”的状态，家庭顶梁柱对于整个家庭起到了举足轻重的支撑作用。我国目前 35~55 岁的已婚生子的中年人大多处于这个状态，家庭人口呈“4–2–1”或“4–2–2”结构（即四个老人、夫妻两人、育有一到两个孩子）。

对于家庭顶梁柱而言，自己的生命和健康不仅关乎自己一人，更关乎整个家庭的命运。好在这个阶段的人大多收入不菲，能够

承担一定的保险费用开支。因此，家庭顶梁柱的保险建议采取“4项全齐”的保险方案（简称4全），即配齐医疗险、重疾险、寿险和意外险四项主要的人身保险。

首先是医疗险，虽然已经有了基本医疗和单位的补充医疗保险，但这些保险的范围和额度都是比较有限的，对于一些国际先进的治疗方式和进口药品大多是不包含在内的。举一个例子，质子重离子疗法是目前全球范围内对早期恶性肿瘤治愈效果最好、副作用最小的医疗手段之一。按照我国某质子重离子医院根据其已治疗的近2 000例肿瘤患者的统计（数据时间2019年），每名患者平均住院治疗费用（包括质子重离子放疗费、住院费、检查费、护理费等）在31万元左右。这还不包括交通费、住宿费以及后续药物的费用。因此人到中年，尤其又是家庭的顶梁柱，就非常有必要给自己购买一份适合的医疗险。医疗险大多是消费型、报销制，每年缴几百元，就可以保证数百万元的医疗费用报销。一般情况下买一份即可，无须重复购买。自行购买的医疗险与基本医疗险并不冲突，大多数保险公司允许医药发票重复报销（提供副本即可）。需要注意的是，医疗险的种类繁多，有些医疗险附加了重疾险和意外险，但价格会高很多，并不建议合并购买。医疗险最应该注重的是产品是否支持类似质子重离子等先进治疗方案100% 额度（或一定比例额度）的报销，以及是否支持境外就医的报销。

重疾险是一个比较费钱的险种，尤其对于中年人来说。还是以之前提到的某一线保险公司的终身重疾险产品为例，将保险额度提高到 100 万元，分 20 年期缴，每年的保费情况如表 4–3 所示。

表 4–3　某保险公司终身重疾险（100 年）/ 保险额度 100 万元 /20 年缴示例

男性		女性	
投保年龄	每年保费（元）	投保年龄	每年保费（元）
25 岁	21 179	25 岁	18 681
30 岁	24 875	30 岁	21 978
35 岁	29 471	35 岁	25 874
40 岁	35 165	40 岁	30 470

注：60 种重疾 /22 种轻症 / 轻症给付 3 次 / 轻症豁免剩余保额。

比如前文 28 岁的小金已经娶妻生子，成为 35 岁的金先生。他的年收入是 50 万元，按照 2 倍的“保额收入比”，就可以直接购买这款保额为 100 万元的保险，每年保费大约在 3 万元左右。虽然看起来不低，但金先生的 50 万元的年收入是完全可以负担的。一旦不幸出险，100 万元的赔付也能够在至少 2 年内维持金先生家庭的房贷、子女教育和生活所需的费用。而如果被保险人年轻的时候就已经买了终身重疾险，但是额度不够，可以通过后续另行购买一份实现额度的补充。比如金先生28时购买了一份30万元的终身重疾险，35岁时因为收入提升有能力负担更高保费，希望将保险额度提高到100万元，那么再单独购买一份70万元的终身重疾险保单即可。由于之前购买的30万元重疾险是在30岁之前，因此成本会远低于35岁时的水平。所以采用阶段性追加购买保险的方式，会比在年龄较大时一次性购买节省很多成本。

再来看寿险和意外险，这两个保险虽然是不同的险种，但主要标的都是被保险人的生命。如果说医疗险和重疾险是给自己的保障，寿险和意外险就是给家人的保障。作为家庭顶梁柱，一旦不幸离世对于家庭的冲击将是毁灭性的。因此，为了在自己缺位的情况下家人的生活能够维持，家庭顶梁柱就非常有必要投保寿险和意外险了。

由于寿险是一个成本不低的险种，目的是在被保险人不幸离世时为家人留下一笔大额资金，因此寿险的购买是要讲究技巧的。终身寿险非常昂贵，但其实并没有必要，寿险完全可以通过把保险时间缩短至20年左右来控制总体成本。寿险的关键目标时点有两个，第一个时点是对于有房贷的家庭而言，顶梁柱的离世可能导致房贷断供，造成家人无家可归，因此寿险的第一个时间标的是保到房贷结清的那一年；第二个时点是对于子女而言，顶梁柱的离世可能对子女的养育和教育产生巨大的影响，因此寿险的第二个时间标的是保到子女成年的那一年，例如达到18岁或者大学毕业均可。

· 划重点 ·

寿险没有必要买终身，终身寿险的价格昂贵且实用性并不高，可以通过将寿险的投保时间控制在 20 年左右大幅降低投保成本，主要参考两个关键目标时点：

- 第一是投保到房贷结清为止。
- 第二是投保到子女成年为止。

意外险属于消费型，成本并不高，除了自行购买之外，很多处于这一年龄阶段的人也会拥有一些银行的白金储蓄卡或信用卡，其中大多也都有意外险的权益，可以综合使用。

· 划重点 ·

家庭顶梁柱买保险可选择“4 项全齐”方案，即配齐医疗险、重疾险、寿险和意外险四项主要的人身保险。

- 人到中年应购买一份适合的消费型医疗险，并坚持每年续保，用于保障看病住院所需费用。
- 重疾险可按 2 倍的“保额收入比”配置，如果前期购买过重疾险，在收入提升的情况下可另购一份重疾险以追加投保额度。
- 寿险无须保终身，保到被保险人房贷结清和子女成人的时点即可，能够有效控制投保成本。
- 意外险可每年购买消费型，并留意各类信用卡的权益，综合运用。

老人的 1+1 保险方案

家有一老，如有一宝。在当今中国的城市中，夫妻双方上班务工，孩子由老人代管的情况非常普遍。在这种情况下，老人承担了很多家庭的责任。与此同时，老人也因为年纪的原因，经常会出现各类疾病，在医疗和药物方面也会时常有所花费。那如何通过保险来给老人提供保障呢？老人的保险方案可以采用“1+1”模式，即一份综合意外险 + 一份医疗险（或防癌险）。

首先需要提示的是，不需要给老人购买寿险和重疾险。寿险主要应针对全家收入的顶梁柱配置，而重疾险很少有针对 60 岁以上的老人的。即便个别保险公司可以为老人投保，保费也昂贵到跟保额相差无几，投保相当于“给保险公司送钱”。如果经济实力非常雄厚，一定想给老人上寿险和重疾险以表示孝心，那么建议不要选期缴，而直接选择趸缴。

老人的第一份保险应该选一份综合意外险，因为老人年纪大了，行动不便，过马路的速度慢，下雨下雪容易摔跤，而且不同于年轻人，老年人一摔跤就容易骨折。因此，选择一份综合意外险是有必要的。综合意外险通常是消费型，比起寿险和重疾险，老人意外险的性价比会高很多。以某家保险公司消费型意外险为例，给老人保 1 年的费用仅为 200 元，包含项目和保额如表 4–4 所示。

表 4–4 某保险公司消费型意外险示例

综合意外险包含项目	保额
意外伤害身故、残疾	10 万元
航空意外身故、残疾	50 万元
其他营运交通工具意外身故、残疾	10 万元
驾乘人员意外身故、残疾	10 万元
意外医疗费用补偿	1 万元
救护车费用	1 000 元

这样一份保单的价格连全家人在饭店吃一顿饭的成本都不到，绝大多数家庭可以轻松负担，却可以为老人提供 1 年的保障，因此建议给老人首选综合意外险。

老人的第二份保险可以选一份医疗险，用于老人看病和用药费用的报销，即便是老人有医保也可以买一份能够报销大额手术和进口药物的高端医疗险。但问题是由于老人的医药费开销比较大，很多保险公司并不针对 60 岁以上的老人提供医疗险。因此要么在老人 55 岁以前就开始上医疗险，这样在老人 60 岁之后是可以持续续保的；要么可以选择一份单项的防癌险作为替代，大多保险公司都是有防癌险的。

· 划重点 ·

老人买保险可选择“1+1”方案，即一份综合意外险 + 一份医疗险（防癌险）。

- 不建议给老人买寿险和重疾险。
- 可给老人买一份消费型综合意外险。
- 可给老人配一份医疗险，如果买不到合适的医疗险可用防癌险替代。

孩子的 1+1+N 保险方案

有关子女的一切都和理财脱不了干系，教育、医疗、出国、买房、结婚，没有一样是省钱的项目。于是关于孩子的各类保险产品也层出不穷，花样百出。其实孩子的保险相对简单，遵循“1+1+N”的方案就可以了。

孩子的第一份保险是终身重疾险，越早买越便宜。不满 1 岁时

买最便宜。所以各位父母最好能在孩子满 1 岁之前给孩子买好一份终身重疾险。以某家保险公司 30 万元保额 20 年缴的经典终身重疾险为例，为不满 1 岁的男孩投保每年保费是 2 880 元，满 1 岁投保每年保费是 2 940 元，每年相差 60 元，20 年下来价格就会相差 1 200 元，详见表 4–5。

表 4–5　某保险公司终身重疾险（100 年）/ 保险额度 30 万元 /20 年缴示例

男性		女性	
投保年龄	每年保费（元）	投保年龄	每年保费（元）
0 岁	2 880	0 岁	2 550
1 岁	2 940	1 岁	2 640
5 岁	3 330	5 岁	2 970
10 岁	3 900	10 岁	3 480
15 岁	4 620	15 岁	4 080
20 岁	5 430	20 岁	4 800

注：60 种重疾 /22 种轻症 / 轻症给付 3 次 / 轻症豁免剩余保额。

孩子的第二份保险是医疗险，用于孩子看病住院等医疗费用的报销。需要说明的是，由于孩子也属于多病群体，所以学龄前的孩子的医疗险保费会比成人的更高，之后随着年龄的增长，保费会快速下降。

在医疗险之外，有条件的家庭可以给孩子额外配置一份儿童高端门急诊险。小孩子日常的发烧感冒、咳嗽积食都是常见疾病，需要经常去医院看门急诊，而普通的儿童医院和妇幼医院虽然能报销但经常人满为患，很多父母这时会选择挂特需号或者到私立医院的门急诊给孩子看病，而这一类医药费是不在普通医疗险的报销范围之内的。一些好的儿童高端门急诊险支持一些知名私立医院的直接签单，无须个人垫付任何费用，非常方便。在购买儿童门急诊险时，注意尽量选择“零免付”或“零免赔额”，这样就可以报销所有的费用，保险的额度不需要太高，1 000~3 000 元左右即可。

而那些返还型、投资型的教育险、婚嫁险等产品，是不推荐购买的，这些保险其实本质还是投资，但同样额度的钱定投一只指数基金，20 年后的收益率大概率都能够超越这类产品不少。

· 划重点 ·

孩子买保险可选择“1+1+N”方案，即一份重疾险 + 一份医疗险 + 一份门急诊险（可选）。

- 重疾险最好在孩子满 1 岁之前买，越早买越便宜。
- 医疗险用于孩子看病住院等医疗费用的报销。
- 有条件的家庭可以给孩子额外配置一份儿童高端门急诊险。

这样买车险实用也划算

车险具有强制性，因此与我国市场人身保险的低投保率形成很大的反差，车险保持了极高的投保率。相比花样繁多的人身保险，车险的项目要简单和标准得多。那是不是车险就没什么选择可言了呢？其实不是，车险分为交强险和商业险，在商业险上会有很多项目供车主选择，也有很多投保的技巧，合理运用不但可以省钱，更可以保障自己免于因可能发生的意外而支付巨额赔款。

首先，对于在一、二线城市挂牌的车辆应购买足额的第三者责任保险，推荐保额 100 万元。一方面是因为一、二线城市对第三者的交通伤害责任赔付标准更高；另一方面一、二线城市的交通流量大，发生事故的概率也相对较大，同时豪华车辆也比较多，万一追尾了一辆劳斯莱斯轿车，喷一块漆动辄几十万元起，大修更是百万元起步。仅投保额 10 万元的第三者责任保险，在路上遇到豪华车辆和裸奔没什么差别，万一不小心碰撞了豪车或超跑，则会击穿保险额度，超出保额的部分就只能自掏腰包了。

其次，车辆险的续保是有优惠的。如果车辆上一年未出险，第二年续保时即可享受 10% 左右的保费优惠，如果连续几年没有出险记录，那么保费优惠最高能达到 40% 左右。一些车主因为小的剐蹭报了案，使用保险修理了车辆，表面上享受到了保险的理赔，但其实失去了下一年保费的优惠额度，而且这个优惠额度是每年连续滚动的。对于一些维修费在几百元的小剐蹭或小故障，在不影响车辆安全行驶的前提下，完全可以自行维修或者暂不处理，从第二年起就可以连续数年获得保费折扣优惠。

最后是保险公司推荐的车险项目未必都要买齐。比如新车在前

5 年是没有必要上自燃险的，汽车自燃是因为线路老化起火，而 5 年以内的新车自燃率低到完全可以忽略不计。再比如在大城市，全车盗抢险也是没必要上的，由于社会法制化管理，偷盗车辆行为基本杜绝。真的发生车辆盗抢，可以直接报警寻找，通过调取道路监控，多数情况是可以找回的。像玻璃险、涉水险，可以根据是否经常跑高速、城市雨水情况来确定是否购买。

· 划重点 ·

为车辆投保应注意三点：

- 应购买足额的第三者责任保险，推荐保额 100 万元。
- 小故障和剐蹭可自行修理，以获取下一年保费优惠。
- 保险公司推荐的车险项目未必都要买齐，可根据具体需要选择。

趸缴还是期缴？

对于返还型的重疾险和寿险等险种，都会有趸缴和期缴两种缴费方式。很多没接触过保险的人可能不太认识“趸”这个字，读音是 dǔn，趸缴就是一次性付清所有保费。相对趸缴而言的是期缴，就是分期缴付保费。保险的趸缴和期缴，其实就相当于买房的全款和贷款。

趸缴的优势在于简单、便利、成本低。相比期缴而言，同样保额的保单，趸缴的保费会少很多。期缴虽然要按期支付保费，而且保费总额比趸缴多出不少，但能够获得时间价值，让自己用较小的成本提前获得保障。

趸缴和期缴并无优劣之分，考虑时间价值后的综合成本其实是一样的。选择哪一种，完全要看哪种适合自身的情况。如果资金非常充裕，但收入并不稳定，那么趸缴就非常适合，可以在资金充裕时为自己的未来添加保障。如果是每月获取工薪收入，则期缴会更有优势，能够分摊成本，并提前享受保障。

香港保险有优势吗？

香港是一个国际金融中心，属于中国的特别行政区，但因一国两制，其资本是自由流动的，香港地区的保险制度也与内地存在一些差异。不少人选择到香港买保险，主要是重疾险，这里也综合分析一下在香港买保险的利弊。

首先我们来了解一下香港保险的优势。

外币购买

在香港购买保险多以美元和港币计价，这本身就是境外资产配置的一种方式，而且这种方式兼具了持有外汇、海外保障和跨境投资三种功能。尤其是选择期交的方式，对于有海外旅游度假、子女出国留学、海外投资、养老和移民需求的人，是一种长期积累外汇的途径，避免日后突然需要用到大额外汇却受到外汇限制的影响。

红利回报

如果购买的是分红险，从过去 10 年的数据看，香港保险的年化红利回报率在 4%~7%，内地保险的年化红利回报率在 3%~5%。这与投资环境和市场情况有比较大的关系。

多次赔付

香港的重疾险基本上都是可以多次赔付的，意思是被保险人如果患有保单中列明的重疾，在痊愈之后不幸复发，或者又患有另一种重疾，香港的保险是可以重复赔付的。而多数内地的重疾险会在被保险人患病时一次性赔付保额，同时保单就解除了，日后如果复发或患有其他疾病，将不再赔付。相比之下，多次赔付的模式更有终生保障。不过一些内地的保险公司陆续也开始推出多次赔付的重疾险。

赔付条款

香港的寿险的身故的赔付基本包含了各种原因导致的死亡，

例如吸毒致死、失踪、酒驾、核辐射等等，但是内地的保险具有很多免赔条款，对于前述原因导致的身故，很多保险公司是不予赔偿的。而且香港的保险等待期比较短。

医院范围

香港保险认可全球多个多家和地区的医院诊断，包括内地的各大三甲医院。也就是说，被保险人可以在全球自由就医。而内地保险基本上只认可内地医院的诊断。

当然香港购买保险也有一些问题，最突出的是在投保和理赔的便利性上，还是内地的保险更具优势。目前内地的保险很多都实现了网上直接填单投保支付，非常方便。而香港保险需要亲自赴港购买，相应的机票和酒店开销也是一笔不低的成本。在理赔方面，内地的保险赔付更加快捷，产生纠纷也更容易得到解决。同时香港保险并非想买就买，多数时候需要配合体检或者诚信告知自己的病史。

·划重点·

在香港购买人身保险与内地相比可能具有外币计价、回报更高、多次赔付和认定范围等方面的优势，但在投保和理赔的便利性上不如大陆保险。

综合考虑香港保险的优劣势，建议第一份保单可以选择在内地直接购买，如果经济实力允许，将香港保险作为第二份保单。

DAY 4 精进知识回顾

在理财精进的第 4 天，我们了解保险在理财配置的优先级是非常高的，做好保险的配置和管理，能够给自己的一生以及家庭做好基础保障，免除后顾之忧。

保险按保险对象分为财产保险和人身保险，按保险功能分为消费型和返还型，按缴费方式分为趸缴和期缴。对于花样繁多的保险产品，可以通过以四要素来迅速了解其核心内容，这四要素包括：缴多少保费、保什么内容、保多长时间、赔多少额度。

有关保险投保的技巧和配置建议具体如下：

1. 购买人身保险有几个技巧：

- 将保险与理财区分开，仅购买单纯的保障型保险，不推荐购买附加投资功能的保险。
- 人身保险越早买越便宜，尤其是重疾险。
- 建议按照 2 倍的“保额收入比”确定购买保险的额度（主要是重疾险），或在 1~5 倍自行选择。
- 对于现金非常充足，但收入不稳定的人，推荐采用趸缴保费，可降低保费总额；对于具有稳定工薪收入的人，推荐采用期缴保费，可分摊成本并提前享受保障。
- 在香港购买人身保险与大陆相比，可能具有外币计价、回报更高、多次赔付和认定范围等方面的优势，但在投保和理赔的便利性上不如在内地购买保险。

2. 对于单身族而言，推荐选择“1+N”的保险方案，即一份重疾险附加其他需要的险种，具体操作如下：

- 趁年轻尽早选择一款适合的重疾险，能够获得较高的性价比，也给未来的自己一份保障。
- 单身族可不购买医疗险、意外险和寿险，如果有特殊需求，可自行适当选购。
- 对于年轻女性而言，如果自己的母亲患有乳腺疾病，则推荐尽早购买医疗险并且每年续保。

3. 对于家庭顶梁柱而言，推荐选择“4 项全齐”的保险方案，即配齐医疗险、重疾险、寿险和意外险四项主要的人身保险，具体操作如下：

- 购买一份适合的消费型医疗险，并坚持每年续保，用于保障看病住院所需费用。
- 重疾险可按 2 倍的“保额收入比”配置，如果前期购买过重疾险，在收入提升的情况下可另购一份重疾险以追加投保额度。
- 寿险无须保终身，投保到被保险人房贷结清和子女成人的时点即可，能够有效控制投保成本。
- 意外险可每年购买消费型，并留意各类信用卡的权益，综合运用。

4. 给老人买保险，推荐选择“1+1”的保险方案，即一份综合意外险 + 一份医疗险（或防癌险），具体操作如下：

- 可给老人买一份消费型综合意外险。
- 可给老人配一份医疗险，如果买不到合适的医疗险可用防癌险替代。
- 不建议给老人买寿险和重疾险，并不经济。

5. 给孩子买保险，推荐选择“1+1+N”的保险方案，即一份重疾险 + 一份医疗险 + 一份门急诊险（可选），具体操作如下：

- 重疾险最好在孩子满 1 岁之前买，越早买越便宜。
- 医疗险用于孩子看病住院等医疗费用的报销。
- 有条件的家庭可以给孩子额外配置一份儿童高端门急诊险。

6. 为车辆投保时，应注意三点：

- 应购买足额的第三者责任保险，推荐保额 100 万元。
- 小额故障和剐蹭可自行修理，以获取下一年保费优惠。
- 保险公司推荐的车险项目未必都要买齐，可根据具体需要选择。

DAY 5

巧用贷款实现弯道超车

¥ · € · $

逆向理财，拥抱财富

有道是，善于存款的人过了一辈子穷日子，最后“人没了，钱没花完”，人间悲剧；善于贷款的人潇洒了一辈子，最后“人没了，钱没还完”，银行悲剧了。所以会存钱不如会借钱，贷款也是理财重要的一环，对于人们生活的影响举足轻重。

贷款的运用能重要到什么程度呢，简而言之，投资是锦上添

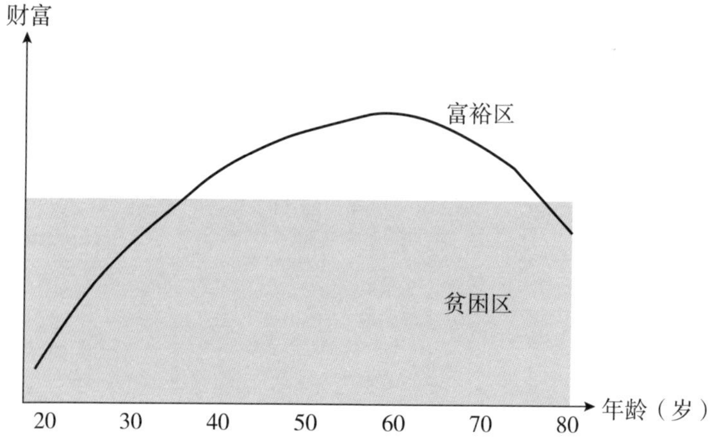

图 5-1　普通人的财富曲线

花，而贷款是雪中送炭。我们可以通过财富曲线了解投资和贷款对生活的改善的作用。

图 5-1 是一条普通人的财富曲线。一个人走入社会参加工作，财富会逐渐增长，在中年达到财富累积的顶峰，在退休后收入会显著降低，退休之前积累的财富将被慢慢消耗掉。如果把财富分为贫困和富裕两个状态，那么在财富累积的初期，收入少、无储蓄，生活质量相对比较低，就会处于一个相对贫困的区间。一般到 35 岁左右情况会明显得到改善，这时人们会摆脱贫困区，走进舒适的富裕区。由于大多数企业采用的是低工资、高奖金的薪酬体系，在退休后，随着奖金停发，员工个人只能领取退休工资、养老金和年金生活。一些职业在员工退休后可能收入影响不会很大，但无论如何都不可能达到在职时期的工资，加上通货膨胀的因素，不少人会重新进入贫困区。

理财是为了获得更好的物质生活，本质上就是摆脱贫困，走向富裕。如果在青中年时期注重投资理财，就能够为自己的退休

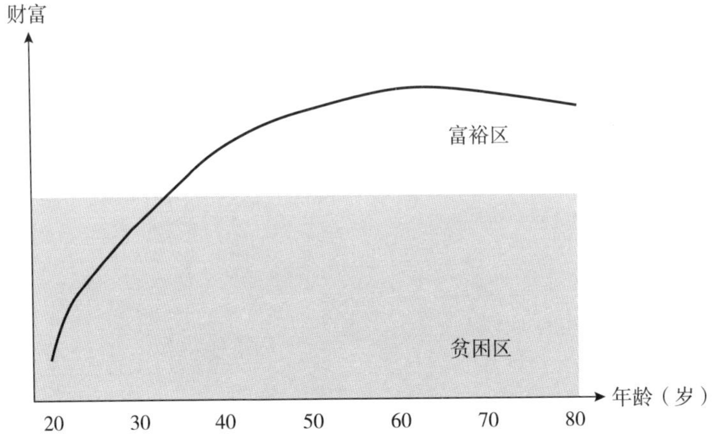

图 5-2 理财后的财富曲线

后生活打下坚实的财务基础，除了养老金以外，还可以用充裕的理财资金来拥抱自己的老年生活。于是投资理财能够将财富曲线改变成为图 5–2 的模式，使自己在老年时期能够持续处在富裕区。

遗憾的是，投资理财需要有一定的资金基础才能显现出效果，而且财务基础越好，投资理财的收益效果越明显。因此在财富积累的初期，也就是一个人刚刚开始工作的时期，投资理财是没有办法显著改善财富状态的。

但是，贷款可以。

贷款可以被称为逆向理财，可以使人提前获得财富，将未来的可预见收入转化为现在所用。贷款对于当前生活的改善是非常显著的，而随着通货膨胀和收入的增长，贷款对于未来生活的影响会不断减弱。在投资理财的基础上，合理运用和管理贷款，能够将财富曲线进一步改变为图 5–3 的状态，使一个人彻底告别贫困区。

事实上，只要贷款利率合适，可能没有任何一个投资理财工

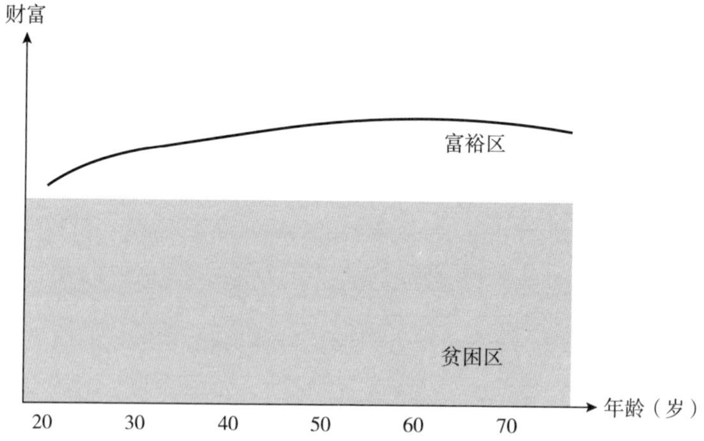

图 5–3　合理运用贷款后的财富曲线

具能够比贷款对生活的改善能力更强。对于小微企业主而言，有多少人通过贷款起家并不断壮大，实现了财务自由；在我国普及住房抵押贷款之后，有多少人因为合理利用贷款购买了大幅改善生活条件的房产；更何况还有公积金贷款这种国家福利级别的“神器”，还有信用卡这种自己消费银行先行垫资买单的好事，短期资金周转出现困难还有小贷这种救急的工具……所有这些贷款，都是在用别人的钱办自己的事，欠下的账由未来更加富裕的自己慢慢还。今天的内容，就来介绍如何利用和管理好自己的贷款，在通往幸福的道路上，实现弯道超车。

等额本息还是等额本金？

住房抵押贷款在我国的个人贷款总额中所占的比例最大，而在贷款的过程中，银行被客户问到最多的问题之一，就是关于还款方式的问题。住房抵押贷款的还款方式分为等额本息和等额本金两种。等额本息还款方式下，将贷款本金总额与利息总额进行切分并平摊，使还款期内每个月偿还相同的贷款金额，包含本金和利息，在每月的还款额中，本金比重会递增，利息会递减；等额本金还款方式是把贷款总额进行等分，使还款期内每个月偿还同等数额的本金，而利息由剩余贷款的多少决定，由于每月偿还本金恒定，利息随本金的减少而不断降低，因此每月还款总额也会逐渐递减。

两种方法分别适用于不同的情况，哪种情况适合自己，看一张表就清楚了。表 5–1 列举了一个住房抵押贷款的案例，贷款 200 万元用于购买一套房产，年贷款利率为 4.9%，20 年还清。按照等额本息和等额本金两种方式将 240 个月（20 年）每个月应偿还的本金、利息以及两者之和（即月还款总额）列出来进行比较。由于 240 期太长，这里仅列出首尾的 5 期。

表 5–1 两种方法还款对比（200 万元贷款 / 年利率为 4.90%/20 年期）

单位：元

	等额本息法			等额本金法		
期数	月偿还本金	月偿还利息	月还款额	月偿还本金	月偿还利息	月还款额
1	4 922.21	8 166.67	13 088.88	8 333.33	8 166.67	16 500.00
2	4 948.62	8 140.26	13 088.88	8 333.33	8 132.64	16 465.97
3	4 975.07	8 113.81	13 088.88	8 333.33	8 098.61	16 431.94
4	5 001.58	8 087.30	13 088.88	8 333.33	8 064.58	16 397.92
5	5 028.15	8 060.73	13 088.88	8 333.33	8 030.56	16 363.89
…	…			…		
236	12 874.81	214.07	13 088.88	8 333.33	170.14	8 503.47
237	12 917.45	171.43	13 088.88	8 333.33	136.11	8 469.44
238	12 960.18	128.70	13 088.88	8 333.33	102.08	8 435.42
239	13 002.99	85.89	13 088.88	8 333.33	68.06	8 401.39
240	13 045.89	42.99	13 088.88	8 333.33	34.03	8 367.36
	合计偿还利息	1 141 331.20		合计偿还利息	984 083.33	

我们发现，用等额本息的方式还款，每月的还款额度相等，第 1 个月需要还 13 088.88 元，比等额本金法第 1 个月的 16 500.00 元低了 3 411.12 元。但等额本息第 1 个月的还款金额构成中，利息占了大头，有 8 166.67 元之多，本金只还了 4 922.21 元。最终等额本息法合计偿还的利息超过 114 万元。等额本息还款方式的

优势在于，在初期每月的还款压力较小；劣势在于总体利息支出较大，且前期还款以利息为主。

用等额本金的方式还款，每月偿还本金都是 8 333.33 元，而利息会随着还款期数的增加不断减少，月还款总额也从第 1 期的 16 500.00 元降到最后一期的 8 367.36 元。最终合计偿还利息 98.40 万元，比等额本息法下少了 15.72 万元。等额本金还款方式的优势在于总体利息支出更少，而且贷款压力越来越小；但劣势在于初期还款压力比较大。

对比两种方式，等额本息法适合房贷杠杆率较高、月供吃力或每月现金流有限的人，他们更需要减小前期的还款压力；而等额本金法适合月供对生活影响相对较小、每月现金流相对充沛的人，等额本金法下可以降低利息总额。

另外一个快速决策的方法是，如果月供占家庭月收入的比例在 40% 以下，就选等额本金法；如果比例超过 40%，就选等额本息法。月供的上限不应超过家庭月收入的 50%，否则将给家庭生活带来过重压力。50% 这一比例也是银行衡量是否发放贷款的标准。

· 划重点 ·

- 等额本息还款方式胜在还款初期每月压力较小，总体利息支出较大，适合月供吃力的人。
- 等额本金还款方式的总体利息支出更少，月还款金额随时间不断减少，但初期还款压力比较大，适合现金流相对充沛的人。
- 如果月供占家庭月收入的比例在 40% 以下，就选等额本金法；如果比例超过 40%，就选等额本息法。

房贷该选LPR还是固定利率?

从2020年3月1日起，中国人民银行要求商业银行必须让贷款客户在LPR模式和固定利率模式之间做出一个选择。LPR（Loan Prime Rate）是贷款市场报价利率的英文简写，所谓市场报价就是由成员银行各自基于市场情况进行报价，然后把成员银行的报价进行加权平均，最终形成一个利率值（即LPR），并由央行每月公示。

房贷选择LPR模式，将按照贷款人当前房贷执行利率水平与5年期以上LPR的差值计算出加减点，再以央行每月公布的LPR利率进行加减点，即可得出自身的执行利率值。LPR模式的特点是执行利率会随着市场利率水平的变化而波动。通常在降息周期LPR会不断下行，反之在加息周期LPR就会不断上行。

那么，对于背负住房抵押贷款的人，应该如何把握这一次选择的机会呢？是选择把房贷利率转换为LPR模式，还是选择固定利率模式？简单地看，LPR模式在降息周期有可能节省利息费用，但在加息周期有可能支付更多的利息费用，而固定利率模式则与利率的市场波动无关。LPR模式有点像挂钩绩效的薪酬模式，薪酬的多少要看市场行情和销售业绩，而固定利率模式则像每月拿固定的工资。

在做出选择之前，首先要了解，对于房贷而言，无论选择哪一种模式，都不会对你的生活产生什么影响。每100万元房贷在LPR模式和固定利率模式下每月相差的金额不过几十元，也就是一顿下午茶的消费。所以在这件事情上并不必过于纠结。具体如何选择，有三个因素需要考虑：

第一要判断当前利率水平的高低。如果处于较低利率水平，则应该选择固定利率模式。此时利率下行的空间有限，但上行的空间较大，所以选择固定利率模式可以避免因利率上行带来的利息增加。

第二要判断当前处于降息周期还是加息周期。比如在 2020 年年初，很多国家为了刺激经济都选择了降息，我国的 LPR 利率也出现下行，这就是处于降息周期的标志。在降息周期选择 LPR 模式会节省利息支出。

第三要考虑货币时间价值，即优先以眼前的情况作为判断依据。比如，2020 年第二季度是存量贷款客户选择转换贷款利率模式的高峰期，当时正值利率下行期，很多专业人士建议将固定利率模式转化为 LPR 模式，但仍然有很多人一直在犹豫，主要是选择机会只有一次，怕一旦选择了 LPR 模式，房贷有 20 年甚至 30 年的期限，过几年如果进入加息通道，那岂不是要面临支付更多贷款利息？实际上，通货膨胀会冲淡未来的影响，根据货币时间价值的原理，当下的钱永远最值钱。举个例子，钱女士在 2010 年贷款买了房子，等额本息每月月供 5 000 元。在刚刚购房时 5 000 元的月供对于 25 岁的钱女士而言可能压力巨大，但在 10 年后的 2020 年时，5 000 元对于 35 岁的钱女士而言压力会小很多，因为通货膨胀使整体消费水平上涨，钱女士的工资也上涨，月供占钱女士收入的比例大幅下降。月供都如此，何况是那一点点利息的差别？因此贷款利率模式的选择应该优先基于对当前最有利的情况进行判断，无须过于关注未来的情况。退一万步讲，如果在降息周期选择了 LPR 模式，几年后大幅加息，贷款人是可以选择提前还款的。

房贷什么时候还清最划算？

由于住房抵押贷款多为长期限贷款，动辄 20 年甚至 30 年，很多人需要还到自己退休才能结清房贷。这期间可能会因为很多原因而有提前还清房贷的计划，有的是出于房屋交易的目的，有的是出于房产抵押的目的，有的是出于减少利息开支的目的，也有的是纯粹不想一直背贷款了。对于出于交易和抵押目的的情况，自然是在需要的时候直接提前还清即可。但是如果是以减少整体利息开支为目的的话，就要算一算提前还清贷款是否真的划算。

首先需要明确的一点是，从银行贷款并非易事，而房贷几乎是在各类个人贷款中人们能够从银行申请到的额度最大、期限最长、利率最低的贷款，这种机会其实非常宝贵。因此，如果不是急需还贷，一般不建议提前偿还贷款。如果确实有闲余资金，而且也没有其他用途，不希望支付利息的话，可以提前还款。提前还贷应注意其中的技巧。

我们先看等额本息还款方式，在还款进度到达 25% 之前，提前还清贷款是有意义的。也就是在 20 年贷款期的第 5 年，25 年贷款期的第 6.25 年，30 年贷款期的第 7.5 年。为什么呢？我们以之前 200 万元贷款、20 年期、年贷款利率为 4.90% 的例子来说明。把整个等额本息还款的各期还款表列出来，可以发现在第 60 期，月还款额中本金和利息的金额基本相等，而此前都是利息大于本金，此后是本金大于利息。在第 60 期之前还清贷款是有助于节省总体利息的。而一旦超过 60 期，银行在第 60

期以前把大部分利息都收走了，你提前还款的话，相当于咬牙度过了最艰难的时期，给银行打了60期的工，而后边的180期低息区间你却放弃了贷款。第60期正好是240期的25%进度节点。所以，在还款进度尚未到达25%时，如果想提前还款就可以还，如果还款进度已过25%，就没必要提前还了。

我们再来看等额本金还款方式，在还款进度到达30%之前，提前还清贷款是有意义的。也就是在20年贷款期的第6年，25年贷款期的第7.5年，30年贷款期的第9年。为什么呢？还是以200万元贷款、20年期、年贷款利率为4.90%的例子来说明。整个还款计划合计偿还利息98.40万元，把整个等额本金还款的各期还款表列出来，可以发现在第70期时，累计偿还利息的总额达到了48.95万元，基本上是总体应还利息98.40万元的一半。因此相当于你在第70期时已经还掉了一半的利息，此后利息会越来越少，每月的还款总额也越来越低，就没有必要提前还款了。如果在第70期之前还款，是能够降低整体利息支出的。第70期正好是240期的29.16%的进度节点，取整就是30%。所以，在还款进度尚未到达30%时，如果想提前还款就可以还，如果还款进度已过30%，就没必要提前还了。详见图5-4。

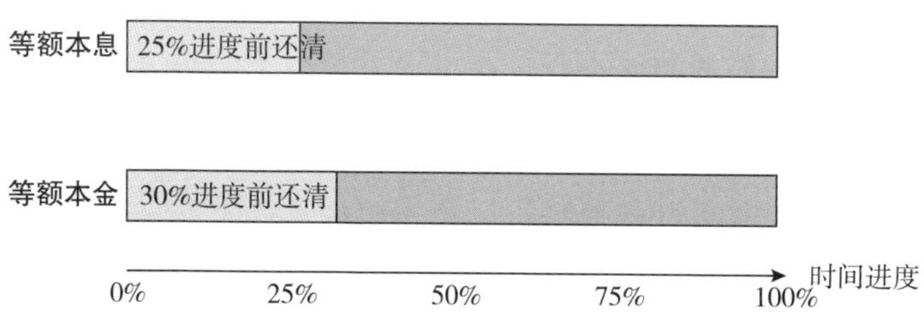

图5-4　两种还款方式提前还款对比

·划重点·

- 住房抵押贷款额度大、期限长、利率低，因此如果没有特殊原因，不建议提前还款。
- 对于等额本息还款方式，在还款进度到达 25% 之前，提前还清贷款是有意义的。
- 对于等额本金还款方式，在还款进度到达 30% 之前，提前还清贷款是有意义的。

也有一些情况是坚决不要提前还款的。首先是公积金贷款，公积金贷款是国家给每个人的一笔隐形福利，善用公积金贷款最多可以为购房者节省数十万元的利息开支。我们以 2020 年 1 月的央行标准利率为例，商业住房抵押贷款的利率是 4.90%，而公积金贷款利率只有 3.25%。我们按照 80 万元贷款总额，20 年还清计算，公积金贷款的还款总额是 108.90 万元，利息为 28.90 万元；而商业住房抵押贷款的还款总额是 125.60 万元，利息为 45.60 万元，两者相差 16.70 万元。即便是未来有能力提前还清，但拿着 3.25% 利率的贷款，随便买一只 PR2 级的银行理财产品就能达到 4% 以上的收益，这其中的点差相当于无风险获利。所以，除非涉及房屋交易必须提前还清，否则在任何情况下都不要提前偿还公积金贷款。公积金贷款的机会弥足珍贵，大部分人一辈子可能只能用到一次，一定要珍惜使用。

其次就是利率打折的房贷尽量不要提前还。在 2010 年前后，房贷利率最低是有 7 折优惠的，还是以 2020 年 1 月的央行标准利率为例，4.90% 打 7 折，实际利率是 3.43%，基本上和公积金贷款利率接近。还是一样的道理，随便买银行理财产品都能实现无风险获利。在 2015 年以前，8.5 折优惠也非常普遍，4.90% 的 8.5 折是 4.165%，也是非常有吸引力的利率。如果自己不创业，是很难体会到能够以这么低的利率融资是多少创业者梦寐以求的事情。因此如果能获得利率打折的房贷，即便有提前的清偿能力，也不推荐提前还款。相反地，如果买房时申请的贷款利率是基准上浮的，那么就推荐在力所能及的情况下尽量提前还款了。

· 划重点 ·

- 除非涉及房屋交易必须提前还清，否则在任何情况下都不要提前偿还公积金贷款。
- 对于利率打折的贷款，也不推荐提前偿还。

玩转信用卡的几个技巧

与贷款一样，信用卡业务也属于银行的贷方业务。2020 年我国市场的信用卡发卡量已经超过 7 亿张，信用消费在我国已经高度普及。信用卡的重要意义不仅体现在消费上，其对于个人理财的意义也是革命性的。因为信用卡的出现，实现了个人消费和理财的隔离，一张额度充足的信用卡，可以完全覆盖个人或家庭的日常消费所需，人们不需要再为日常的花费而准备大量现金，所有的收入都可以用来做理财管理。如果把信用卡绑定支付宝、微信等第三方支付工具，更是在网络购物和移动支付时能够获得多重便利。

做一个最简单的计算，你每个月信用卡的账单是多少，这些钱相应的理财的收益就是信用卡为你赚的钱。所以，毫无疑问，先申请一张信用卡是做好理财的基础，而这张卡也能为你的生活带来极大的便利。下面我们就来盘点一下信用卡的使用技巧。

免息期是这么用的

每家银行对其信用卡都设有一个免息期，在免息期内信用卡持卡人只要在信用额度内进行消费，都是不用支付利息的。免息期最长在 50 天左右，各家银行略有不同。免息期怎么计算呢？它和三个日期有关系：刷卡日、账单日、还款日，计算方式如下：

免息期 = 还款日 – 刷卡日（本期账单日之前）

账单日是银行对你的信用卡当期发生额进行结算并发给你账单的日子。在账单上会体现出当期应还款额度，最低还款额度和还款日。还款日就是你必须归还当期账单的时间节点，在这个时间之前是免息的，超过这个时间就会罚息并在个人征信系统中留下违约记录。

举个例子，钱女士的信用卡账单日是每月 5 日，还款日是每月 25 日，钱女士在 1 月 4 日刷信用卡消费 500 元在超市购物，1 月 5

日出本期账单，1 月 25 日还款，对于这笔 500 元的资金，免息期就是 1 月 4 日（刷卡日）到 1 月 25 日（还款日）这 21 天，相当于银行免费借给钱女士 500 元 21 天。

最有利的情况是，如果钱女士在 1 月 6 日刷信用卡消费 1 万元买了一件名牌手提包，由于已经过了当月的账单日（1 月 5 日），所以这 1 万元会计入下一期账单，也就是在 2 月 5 日的账单中才体现出来，还款日是 2 月 25 日。那么这 1 万元的免息期就是 1 月 6 日（刷卡日）到 2 月 25 日（还款日）这 50 天，相当于银行免费借给钱女士 1 万元 50 天。

对比这两组例子，就能发现信用卡消费的技巧了：对于大额花销，比如钱女士要买一辆汽车，或者要支付家人出国旅游的机票和酒店费用，就尽量选择在每月账单日之后的一天或几天刷卡消费，这样能获得最长的免息期。如果钱女士的消费达到 10 万元，享受满 50 天的免息期，按照货币型理财产品 0.85 元 / 天左右的万份收益，在 50 天里就相当于用银行垫付的钱给自己挣了 425 元。

但是有一点要注意，虽然有免息期，但轻易不要从信用卡里取现，因为信用卡设有取现手续费，通常境内取现手续费按取款金额的 1% 收取，境外按取现金额的 3% 收取。

有必要支付信用卡年费吗？

各家银行都会对自己发行的信用卡进行分级，通常分为普卡、金卡、白金卡、钻石卡等，等级越高，享受的权益越多，通常额度也会更大，但高等级信用卡会有一定的年费。普卡和金卡一般没有年费，白金卡会有数百元的年费，钻石卡会有上千元的年费。年费高，自然能享受更好的服务，但你需要知道的是，银行其实根本不在乎这些年费，这些年费也可以通过各种方式减免和冲抵。

年费的减免和冲抵方式有以下几种：第一，如果你是一家银行的超级 VIP 客户，你就可以提出减免自己信用卡年费的要求。很多银行的支行行长是有一定数量的信用卡年费减免权限的。通常管理资产（包含存款、基金、理财等）在 200 万元以上，就可以通过自己的客户经理尝试申请白金信用卡的年费减免；如果管理资产（包含存款、基金、理财等）在 1 000 万元以上，一般会由支行分管零售的副行长或者分行的私人银行客户经理直接提供服务，可向他们提出减免钻石卡年费的要求。第二，一些白金信用卡的年费可以通过刷卡次数冲抵。客户在使用信用卡消费时，银行会从刷卡商户处获得佣金收入，所以客户刷卡次数越多，银行收入也就越多。很多银行为了鼓励客户刷卡，设置了信用卡刷卡冲抵年费的模式，例如每年刷够 5 次免收 480 元白金信用卡年费，或者每年刷够 96 次免收 1 800 元钻石信用卡年费。第三，刷信用卡通常会有积分，积分除了可以换一些商品，也可以用于冲抵年费。所以，高年费信用卡的服务很好，但未必一定要用现金缴纳信用卡的年费，合理利用冲抵方式可以实现免费享受高等级信用卡权益。

有人会问，既有免息期，又看不上年费，银行信用卡业务靠什么赚钱呢？其实信用卡业务的主要收入来源于逾期利息、分期手续费和违约金，这三项收入占了银行信用卡总收入的 75% 以上，此外商户佣金占 15%，年费仅占 4%，详见图 5-5。所以你只要守约，就可以享受免费的福利，由那些不守约的人来给自己买单。

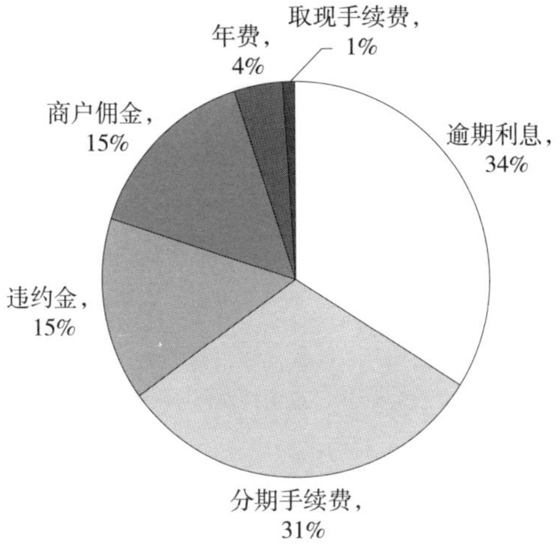

图 5-5 银行信用卡业务的收入构成

如何提高自己的信用卡额度？

如果你在申请信用卡时自己的收入并不高，因此银行提供了比较小的授信额度。但在使用一段时间后，信用卡额度不能满足使用需求，你希望提升额度，这里有几个办法。

第一是直接换一家银行申请一张新的信用卡，通常会获得至少与之前一张卡信用等额的额度，这样两张卡的额度加总就翻倍了。第二是对原信用卡申请增加额度，一般需要提供自己的收入证明（收入要有显著增加），在过去几年保持良好的按时还款记录，且过往额度使用较充分，发卡行会根据情况调增额度。第三是很多信用卡有临时调增额度的服务，审批速度极快，如果有旅游等大额消费需求，可直接申请临时调增额度。

· 划重点 ·

- 对于信用卡大额消费，尽量选择在每月账单日之后的几天刷卡消费，可以获得更长的免息期。
- 银行卡的年费可以通过申请减免、刷卡次数达标、积分兑换等方式减免和冲抵。
- 希望提升信用卡额度时，可在其他银行直接申请一张新卡以获得额度，或者申请原卡追加额度，急用额度可申请临时调增额度。

车贷的那些扑朔迷离

“每天只需 18 元，新车开回家”“零利率车贷”“2 年免息”……类似的汽车贷款宣传广告在各种渠道都能够见到，但车贷真的像广告中描述的这么美好吗？其实车贷里的“坑”还是很多的，常见的包括：

- 前期未明确说明贷款总成本是多少，给客户的贷款方案中只有每天还多少钱（比如每日 18 元），给人以低成本的感觉，但实际利率并不低，甚至有可能较基准上浮。
- 打着“零利率、免息”的幌子，虽然减免了利息，却另外收取贷款手续费，整体打包算下来，费用并不比自行申请贷款的成本低。

- 把贷款和保险捆绑，要求车主必须在指定机构（一般为 4S 店）购买保险，而保费会比同条件的车辆保险高出不少，仍然是“羊毛出在羊身上”。

破解车贷扑朔迷离的各种套路，其实只需要一招，就是“车贷四问”。面对任何形式的车贷，了解清楚四个问题：一是总贷款额是多少，二是贷款时间是多长，三是实际贷款利率是多少，四是有无其他手续费和附加条件。只要了解清楚这几点，就可以清晰地知道车贷的成本如何，是否真的合适。如果没有参照标准的话，可以到银行咨询信用贷款或者汽车贷款，再与 4S 店提供的贷款方案进行对比，最终选择有利于自己的方案。

· 划重点 ·

面对任何形式的车贷，要进行“车贷四问”：

- 一问总贷款额度。
- 二问贷款时间。
- 三问实际贷款利率。
- 四问有无其他手续费和附加条件。

珍惜自己的信用记录

个人征信是贷款机构决定是否能够给客户发放住房抵押贷款或信用卡的重要依据，随着互联网金融的发展，蚂蚁花呗、京东白条等互联网信用消费金融工具也逐渐普及，其额度的审批也会依据个人征信记录。一旦个人征信出现问题，在需要贷款或者信用消费的时候就会四处碰壁，而且很难解决。所以，每个人都要像爱护自己的身体一样珍惜自己的征信记录。

什么情况会影响自己的征信记录呢？房贷、信用卡欠款、蚂蚁花呗等互联网信用消费金融工具逾期未偿的记录，都会进入征信系统，从而影响自己的征信记录。那怎么防止逾期呢？很多银行的网银和手机银行都有“关联借记卡自动偿还”的功能，绑定相应的贷款和信用卡就能够支持自动还款。此外，最好在每月的还款日用手机设定一个日历提醒，以便确认借记卡账户是否有足够的金额偿还欠款。

如果确实是因各种原因忘记还款，以银行信用卡为例，应按照以下方式尽量补救：

- 在发现自己逾期后，先尽快全额还款，之后立即给银行信用卡中心打电话，声明非恶意欠款。一般逾期在 3 天以内，银行有可能尚未申报到征信系统，从而避免留下记录。
- 如果遇到特殊原因（例如失业、疾病）导致无法还款，应及时向银行信用卡中心致电说明，并申请延期还款，多数情况下银行会同意延期，且不会计入征信系统。比如在 2020

年年初疫情期间，很多银行都批准了客户提出的延期还款申请。

- 信用卡的还款信息会在征信系统中保持 24 期的滚动记录，如果不慎留下了逾期记录，千万不能销卡，应在此后继续使用该卡，并保持 24 个月按时还款，在第 25 个月时，前期的逾期记录会被新的数据覆盖。

· 划重点 ·

- 每个人都应珍惜自己的信用记录，避免信用违约。
- 可通过设置自动还款功能避免忘记偿还贷款。
- 发现逾期后尽可能第一时间进行补救，以消除或减少影响。

慎用贷款资金从事投资

贷款是一把双刃剑，用好了可以拥抱财富，但用不好可能会使自己债务缠身。因此贷款一定要慎重，务必要正确估量自己未来的偿债能力，做好贷款的管理，使贷款成为自己通往财富之路的有力工具。

个人涉及的贷款业务按照用途通常主要有五类，一是消费，二是抵押贷款，三是应急，四是经营，五是投资。信用卡消费和购房抵押贷款已经非常普及，善加利用可以大幅改善生活幸福感，但应量入为出，并注意按时还款。

很多人会面临一些急需短期资金周转的情况，比如家人生病、个体户短期经营资金的周转、信用卡或房贷还款日资金临时出现缺口等，也会考虑使用短期贷款，短期贷款一般按日计算利息，日息通常在 0.02%~0.08%，即每万元贷款一天利息是 2~8 元。不要小看万分之几的日息，0.02% 日息年化利率可达 7.3%，而 0.08% 日息的年化利率高达 29.2%，详见图 5–6。建议尽量从正规渠道申请贷款，很多银行有“闪电贷”业务，放款很快，银行如果在额度、速度上达不到要求，再考虑小贷和网贷。使用小贷和网贷只能用于应急，尽量不要用于消费，并且务必注意控制期限，确认自己在规定的时间内会有足额的资金用于偿还。

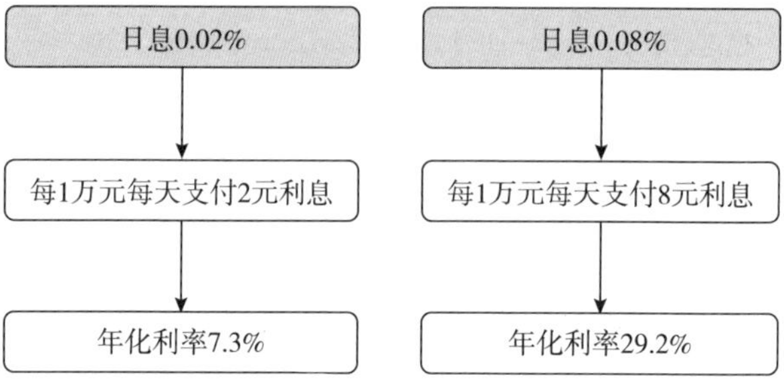

图 5–6　短期贷款日息示例

对于个人经营性贷款，住房抵押贷款（简称房抵贷）是一个常用的贷款方式。使用房抵贷建议尽量不要使用自己的唯一房产，毕竟个人经营和创业的风险是很大的，使用唯一房产做房抵贷，一旦经营失败，将面临无家可归的局面。推荐的做法是，如果手中有两套或多套房，可将非自住的房屋用于房抵贷，同时出租，这样还可以用租金冲抵利息，达到高效运用资金的效果。如此一来，即便面临最坏的情况，也不至于使自己的家庭住房受到直接冲击。

使用贷款进行资本市场投资是要坚决禁止的。首先，大部分贷款合同中都会明确贷款不得用于投资，当然贷款资金的用途确实很难监督，合同中不过是贷款机构的免责与提示条款而已。有一个问题一定要清楚，就是整个资金和资本市场都是高度透明和市场化的，银行比客户更懂得如何投资，但银行没有选择投资而是把钱借给了客户，是因为银行更了解投资所伴随的风险。如果客户拿从银行贷出来的钱去投资，只有做到比银行在投资上更专业才有可能实现套利，并做到收益率大于贷款利率才能不亏损。但在资本市场上又有多少客户能做到比银行更专业呢？千万不要把偶然的运气当作专业实力，仔细想一想，用贷款的钱，以自己的运气进行投资，如果赚了钱银行会收取贷款本利，亏了钱银行同样会收取本利，到底谁才是赢家？搞清楚这一点，就能得出一个结论：以贷款进行投资的实质与赌博无异。

DAY 5 精进知识回顾

在理财精进的第 5 天，我们了解到合理运用贷款能够比投资更快、更直接地给我们带来生活上的改善和幸福感，因此贷款的运用与管理也是理财的核心能力之一。

1. 住房抵押贷款是很好的金融工具，买房时应善加使用。对于住房抵押贷款的还款方式以及注意事项，可参考以下建议：

- 等额本息还款方式胜在还款初期每月压力较小，总体利息支出较大，适合月供吃力的人。

- 等额本金还款方式的总体利息支出更少，月还款金额随时间不断减少，但初期还款压力比较大，适合现金流相对充沛的人。
- 如果月供占家庭月收入的比例在 40% 以下，就选等额本金法；如果比例超过 40% 就选等额本息法。
- 除非涉及房屋交易必须提前还清，否则在任何情况下都不要提前偿还公积金贷款。
- 对于利率打折的贷款，也不推荐提前偿还。
- 对于贷款利率模式的选择，在当前处于低利率水平或利率处于上行通道时选择固定利率模式，在当前处于高利率水平或利率处于下行通道时选择 LPR 模式。

2. 信用卡是日常重要的信用工具，可以实现消费与投资的分离，对于理财有着非常重要的意义。信用卡的使用有以下技巧：

- 对于信用卡大额消费，尽量选择在每月账单日之后的几天刷卡消费，可以获得更长的免息期。
- 银行卡的年费可以通过申请减免、刷卡次数达标、积分兑换等方式减免和冲抵。
- 希望提升信用卡额度时，可在其他银行直接申请一张新卡以获得额度，或者申请原卡追加额度，急用额度可申请临时调增额度。

3. 汽车贷款的营销形式很多，也存在一些套路，应注意甄别其中的“坑”。面对任何形式的车贷，都应进行“车贷四问”：

- 一问总贷款额度。
- 二问贷款时间。
- 三问实际贷款利率。
- 四问有无其他手续费和附加条件。

这几个问题能够将各类形式的车贷打回原形，方便消费者辨别。

4. 对于个人征信，应该注意以下几点：

- 每个人都应珍惜自己的信用记录，避免信用违约。
- 可通过设置自动还款功能避免忘记偿还贷款。
- 发现逾期后尽可能第一时间进行补救，以消除或减少影响。

DAY 6

信托与专户的入场券

¥ · € · $

成为一名合格投资者

对于大多数商品和服务而言，有大众款，就有限量款；有量产型，就有定制型。同样，在资产管理行业，有公募，就会有私募。相对于公募基金和银行理财产品的无限量购买与低门槛等特点，信托计划、基金专户、券商集合资产管理计划和私募投资基金都属于私募类产品，属于限量版、高门槛的“高端理财”产品。这些产品最低投资额大多 100 万元起步（资管新规后部分中低风险产品的门槛降低至 40 万元），然而是不是只要有 100 万元就可以买了呢？还真不是，你需要首先成为一名“合格投资者”。

如果你的家庭金融净资产达到 300 万元，或者家庭金融资产达到 500 万元，又或者近 3 年的年均收入达到 40 万元，那么恭喜你，你已经成为一名合格投资者，可以获得信托计划、基金专户、券商集合资产管理计划和私募投资基金这类“高端理财”产品的入场券了。这一规则来源于 2018 年 4 月落地的《关于规范金融机构资产管理业务的指导意见》（即资管新规）。

你可能会注意到资管新规里出现了金融净资产和金融资产两

个看上去很相似的名词，这两个概念有什么不一样吗？其实两者之间的一字之差，差在了金融负债。

金融净资产 = 金融资产 − 金融负债

金融资产包括存款、股票、债券、银行理财、基金以及其他各类资产管理产品，而金融负债主要是贷款。比如钱女士持有的各类金融资产合计 400 万元，但她还有 280 万元的房贷尚未还清，所以钱女士的金融净资产是 120 万元，如果她近 3 年的年均收入也没有达到 40 万元，那么她就还不是一名合格投资者。

· 划重点 ·

《关于规范金融机构资产管理业务的指导意见》
（原文部分节选）

五、资产管理产品的投资者分为不特定社会公众和合格投资者两大类。合格投资者是指具备相应风险识别能力和风险承受能力，投资于单只资产管理产品不低于一定金额且符合下列条件的自然人和法人或者其他组织。

（一）具有 2 年以上投资经历，且满足以下条件之一：家庭金融净资产不低于 300 万元，家庭金融资产不低于 500 万元，或者近 3 年本人年均收入不低于 40 万元。

（二）最近 1 年年末净资产不低于 1 000 万元的法人单位。

（三）金融管理部门视为合格投资者的其他情形。

合格投资者投资于单只固定收益类产品的金额不低于 30 万元，投资于单只混合类产品的金额不低于 40 万元，投资于单只权益类产品、单只商品及金融衍生品类产品的金额不低于 100 万元。

投资者不得使用贷款、发行债券等筹集的非自有资金投资资产管理产品。

为什么要设置这样的门槛呢？其实是监管机构出于对投资者的保护。大家之所以想购买信托计划、基金专户、券商集合资产管理计划和私募投资基金这类产品，是因为收益确实比普通产品要高。比如信托，同期限的信托计划通常要比银行理财产品的收益高出至少 200~300bps，有的甚至会更高。但是高收益往往伴随着高风险，试想，如果金先生举全家之力凑出 100 万元买了一款信托计划，这 100 万元几乎就是金先生家庭的全部金融资产，那么一旦信托出现无法对付的情况，金先生的家庭就会面临巨大的财务问题，这将直接影响金先生和家人的生活。而钱女士有 450 万元的金融净资产，同样购买了 100 万元上述信托计划，在发生无法对付的情况时，钱女士的处境就会好很多，她虽然也会遭受损失，却不至因此而影响基本生活。合格投资者的门槛就是让金先生这样并不满足条件的投资者避免因私募类产品的风险而陷入生活的窘境，如果金先生不能购买信托计划，而是拿 100 万元分散购买了银行理财产品和基金等产品，即便有盈有亏，至少不会出现全部资产无法对付的情况。所以，在购买私募类产品时，每一位投资者都应该先确认自己是否具备相应的风险承受能力。

充满诱惑的信托产品

曾经沧海难为水，但凡买过信托产品的客户，都会对普通的银行理财产品失去兴趣。信托赤裸裸的高收益率摆在那里，充满诱惑。同期的信托产品，总是比银行理财产品的预期收益率高

200~300bps，如果购买的本金达到300万元或者1 000万元，享受的信托收益会更高。图6-1所示为某代销平台的信托产品销售页面。但信托的本质究竟是什么呢？信托计划最终投资些什么呢？

图6-1　某代销平台的信托产品销售页面

信托作为一种金融制度，与银行、证券、保险并列为四大支柱共同构成了现代金融体系。说起银行，人们会想起存贷款；说起证券，人们会想起股票；说起保险，人们会想起事故保障；但是说起信托，人们似乎很难想起一个很具象的概念。

信托制度是一项基本的法律安排，起源于英国，壮大于美国。由于信托的法律意义在各国不尽相同，所以其定义也有多个版本。但无论哪一个版本的定义，都有一个核心意思，正是由“信托”本身这两个字组成，即“信任”和“托付”。信托有三个当事人，一是信托的委托人，通常也是出资人；二是信托的受托人，也就是信托公司；三是信托的受益人，即最终享受资产及收益的人。委托人基于对受托人的信任，将财产权委托给受托人，由受托人按委托人的意愿为受益人的利益或特定目的，对信托资产进行管理和处分。众所周知的诺贝尔奖就是一个信托基金。

简单一些，可以把信托理解为管家。基于信任，主人把家中大小事务委托给管家，包括管理家院、照顾老小、安排事务。信托呢，就是专门解决财务与金融问题的专业管家。不过在我国，多数人对信托的理解是高端理财，门槛比银行理财产品更高，收益比银行理财产品更大。其实对于信托业在中国的定位，这个理解也是没有问题的。

信托公司就像商业银行的兄弟。信托公司与银行一样，一并归属中国银保监会管辖。信托的主流业务可以简单理解为银行业务的一种延伸，其所从事的业务与银行类似，但风险和收益都要较银行业务更高，在业务效率上也会比银行更快。

在资金来源方面，信托不像银行能够吸收存款，信托的资金来源是信托公司的客户委托给信托公司的资产，也就是通过客户购买的信托计划得以筹集资金。大部分客户购买信托计划的目的是投资理财，希望通过信托实现资产增值。那么信托是如何实现资产增值的呢？这就涉及信托公司的资金投向。信托公司的资金投向比较广泛，从大类上包括发放信托贷款、股权投资，还可以投资于证券市场和货币市场。举个例子，某上市公司的开发建设项目需要进行融资。一般来说，向银行贷款无疑是成本相对较低的选择，但有时银行的贷款可能已经用满额度，或者由于该项目时间紧，同时项目的部分指标又未达到银行的要求，很难获得银行贷款。这个时候就可以选择信托，信托公司在综合评估项目风险之后，可向其发放信托贷款。信托贷款的速度一般较银行更快，但融资成本一般会高于银行贷款利率。

其实从风险与收益来看，信托的业务领域其实一直逡巡在商业银行业务领域的上游，无论在资金端，还是资产端。在资金端，最保守的客户会把钱都存在银行，有较低风险承受能力的客户会选择收益比储蓄高的银行理财产品，而资金实力更雄厚、风险承受能力更高的“合格投资者”会选择投资信托计划。在资产端，融资方在需要资金的时候，能够从银行贷款自然是成本较低的选择，然而银行的信贷政策是相当严苛的，信托虽然也有自身严格的风控，但与银行的信贷政策相比，信托的通融度显然是更高的。高风险对应高回报，信托项目融资的利息自然也要比银行高出不少，这就是融资类信托计划的收益普遍比银行高的原因。

信托选购之“八看指南”

怎么选择一款好的信托计划呢？记住这一独家信托“八看指南”的口诀：一看类型，二看项目，三看主体，四看还款，五看

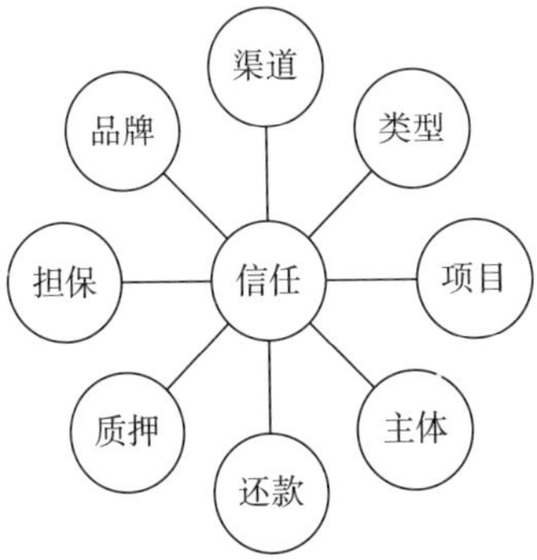

图 6-2　信托选购之“八看指南”

质押，六看担保，七看品牌，八看渠道，见图 6–2。

一看类型。根据信托财产的运用方式，信托可以被分为融资信托、投资信托、事务信托。其中融资信托和投资信托属于主动管理类信托，也就是常见的投资者可以购买的信托计划，事务信托是被动管理信托，主要是信托公司接受委托，利用其专业能力承担类似“管家”的服务，比如家族信托和信托通道业务，都属于事务信托。理财类的信托主要是主动管理信托。融资类信托主要是债权类信托，与固收类银行理财类似；投资类信托主要是证券投资信托，与权益类公募基金类似。融资信托是信托的老本行，也是中国大多数信托公司的主营业务，而投资类信托是各家公司希望进一步拓展的业务领域，但在这方面信托行业的深耕程度确实不如基金行业。因此，建议选择信托产品以融资类信托为主，一般不建议选择投资类信托，除非是个别在投资领域极具特色的信托公司发行的产品。

二看项目。项目指的是每个信托计划融到资金之后所投资的具体项目，比如一个房地产项目，或者一个基础设施项目。融资类信托财产的运用领域主要包括基础设施、房地产、股权质押融资、能源资源等。首先要明确的是，信托公司在项目选择上是很专业的，并不需要投资者以专业的眼光去做项目选择，但需要投资者对项目的大类和基本情况有所了解。这是因为信托公司内部也是会分组做项目的，如果一个行业不好，那么这个组整体的项目情况就不会太好；或者一个行业还不错，但不同的项目之间也会有很大差异。就像我们选择公募基金，虽然具体的投资选股是由基金经理去做，但这么多基金，我们选购时起码要知道我们要选哪些风格的基金，是成长型还是价值型？是大盘股为主还是中小盘股为主？是投消费行业的还是科技行业的？信托项目的选择也应该先看一下项目行业，注意不要在一些周期性行业上踩雷即可，比如明知某些行业产能过剩，就应尽量避免，不冒风险。再看项目本身，比如房地产信托可以了解一下融资项目所在城市的整体房价，项目所在位置周边房价，销售情况如何，楼盘每平方米综合成本情况，资源配套情况等，就能大致判断这个项目的综合情况了。如果遇到行业不理想或者项目不理想的，就不予投资，考虑其他信托产品。

三看主体。这个主体指的是融资公司主体，从融资公司的品牌和行业地位可以看出它信用违约的概率，比如对于房地产类信托，知名的大型房地产企业和地方性房地产企业肯定不在同一级别，品牌越好、规模越大的房地产企业通常违约概率越低。如果投资者懂财务，也可以看看融资公司近几年的财务报表。

四看还款。还款主要看融资公司主体对信托项目的还款来源，一般的还款来源包括融资公司未来实现的销售收入或其他收入进项，或者当融资工程达到一定进度或标准时可以申请到国家政策性银行或商业银行的低成本贷款，通过借新还旧替换信托贷款。比如，对于一个国家级的基础设施建设项目，很有可能获得政策性银行的低息贷款，那么还款来源就不成问题。如果还款来源不好判断，也可以进一步看质押和担保情况。

五看质押。质押是信托项目的履约担保措施之一，如果项目贷款如期兑付，则质押物予以归还；如果项目不能如期兑付，则信托公司有权处置质押物。看质押主要看质押物的流通情况和质押率。流通情况即质押物在市场上是否容易变现，比如股票等上市证券资产是较易流通的。除了看质押物，还应关注质押率。质押率是质押贷款作价与市场价格的比率，比如市值10元/股的股票质押作价5元/股，质押率就是5折。质押率越低，越容易变现。

六看担保。信托公司在做信托项目时，会参考融资公司主体的评级，信托项目通常都要求评级在AA+以上。如果主体评级是AA，则通常会要求由另外一家评级在AA以上的公司做担保。如果项目有充分的担保，则会对项目的兑付提供一道保障。担保主体的不同也会影响项目的风险，以政信项目为例，由省级投资公司担保的项目，自然要比市级投资公司做担保的项目更安全。

七看品牌。这里的品牌指的是信托公司的品牌。就像买理财产品会看发行银行，买基金会看管理公司一样，买信托也要看一下信托公司的品牌和管理能力。我国共有68家信托公司，通常实力强的信托公司在风控上也更为可靠，在选择产品时，选择信托管理规模较大、过往兑付记录较好的信托公司发行的信托计划即可。

八看渠道。这里的渠道指的是代销渠道，一定要在靠谱的渠道购买信托产品，比如银行。银行在代销信托产品时，大多是要先通过自身的授信的，而且是对信托公司和融资项目主体的双重授信，对于信托项目的筛选可以用严苛来形容。这也是银行代销的信托计划额度非常稀缺的原因。银行作为代销方，一旦信托项目无法兑付，银行也会出面参与协调和解决，越大的银行给信托公司和项目公司的压力会越大。

但是，综合八个因素都是最好的项目，最终的收益却肯定不是最好的。因为信托项目满足的优势条件越多，项目本身就越容易融到资金，融资方要求的价格也就越低。

· 划重点 ·

选择信托计划时的“八看指南”：

一看类型，建议以融资类信托为主，轻易不选择投资类信托。

二看项目，看融资的项目是否大体靠谱，行业趋势是否向好，有无明显瑕疵。

三看主体，看融资公司的品牌和行业地位以及财务状况。

四看还款，看融资公司对信托项目的还款来源，未来是否有可期的销售收入或者有望获取银行贷款。

五看质押，看项目有无质押物，以及质押物的流通情况和质押率。

六看担保，看项目是否有其他主体进行担保以及担保公司的评级情况。

七看品牌，看信托公司的综合品牌、信托规模和过往兑付情况。

八看渠道，看信托代销渠道的整体实力。

传说中的家族信托

家族信托是信托公司接受个人或家族的委托，代为管理、处置家庭财产的财产管理方式，以实现富人的财富规划及传承目标。家族信托可以使资产的所有权与收益权相分离，富人一旦把资产委托给信托公司成立家族信托，该资产的所有权就不再归他本人。富人如果出现离婚、意外死亡或面临负债的情况，家族信托的财产都将独立存在，不受影响。

家族信托有几个强大功能。第一是作为财富传承的保障，为资产提供保值增值。在欧美等发达国家，家族信托的运用已经非常普遍。IBM 掌门人托马斯·约翰·沃森（Thomas J. Watson）曾以自己的孙辈为受益人设立了一笔数百万美元的家族信托基金，在孙辈们年满 35 周岁时就可以支取信托基金中各自的份额。

第二是可以合理避税。在美国等遗产税高昂的国家，富裕的家族可以通过设立理论上能永续存在的家族信托来规避遗产税和隔代转移税。比如，在遗产税的最高边际税率高达 45% 的情况下，如果传承三代，通过家族信托可能会帮继承人节省 70% 以上的税收。

第三是可以成为资产隔离的防火墙。基于信托法，信托可以成为资产的避风港，而家族信托更是把这一功能发挥到了极致。家族信托的委托人和受益人通常不是同一人，因此可以建立非常稳固安全的财产防火墙。如果委托人死亡、离异或破产，信托财产不会受其牵连，债权人或配偶都无权拿走。例如，中国香港曾有一位富商设立了一个 1 000 万港币、为期 3 年的信托，受益人为 10 岁的女儿。未料，两年后该富商因经营不善，资不抵债面临破产。在清算时，债权人无法强制执行这笔信托中的钱款。3 年到期后，信托转为现金划至女儿名下。按照香港地区有关法律，信托只管受益人是否拿到钱，而不管受益人拿到钱后给谁用或怎么用，富商之后又靠这笔信托资金东山再起，续写了另外一个商业神话。①

① 部分内容参考了马斯晓在《接力》刊发的《详解家族信托基金》一文。

· 划重点 ·

家族信托的三大功能：

一是作为财富传承的保障，为资产提供保值增值。

二是可以实现合理避税。

三是可以成为资产隔离的防火墙，在委托人死亡、离异或破产时信托资产不受影响。

小灶理财之基金专户

很多人在出去旅游时不喜欢跟团游，对于一些地方又因为语言、文化、交通不熟悉而很难实现自由行，于是旅游行业的“精品团”“私家团”开始兴起。相比跟团游的“上车睡觉、下车拍照”，精品团和私家团的行程更加定制化，体验也更好。还有一些家长不满足于公立学校的大班课程，把孩子送到私立学校上小班课，还有的直接给孩子请私教，享受一对一的教学服务。

无论是跟团游还是大班课，游客和学生面对的都是同质化的服务和教学，这一点和公募基金是一样的。公募基金的门槛很低，参与人数众多，资金盘较大，基金经理关注的是基金在同类产品中的排名，而不会关注到每个投资者都是谁，他们的感受如何？基金是否适合他们？为了满足高端投资者的需求，基金管理公司推出了基金专户业务，提供一对多和一对一特定客户资产管理计划。一对多特定客户资产管理计划的门槛是 100 万元，相当于旅游公司提供的精品团，或者私立学校的小班课，基金公司设立一个专户投资计划，为不超过 200 人的客户进行服务。一对一特定客户资产管理计划的门槛是 1 000 万元，相当于私家团，或者一对一私教，仅针对单一投资者成立专户，提供资产管理服务。

由于基金专户一对多和一对一资产管理计划的本质是私募基金，虽然也是标准化产品，但其净值披露并不像公募基金那么公开和严格，很多信息是定向发送给投资者的，而不会在公开渠道披露。所以，基金专户产品并不像公募基金那样关注基金的排名，而是更多地关注产品给投资者赚取了多少收益。专户产品与公募基金相比有一个非常显著的优势，就是投资的自由度比较大，因为专户产品并没有像公募基金那样严格地设定每一类产品的投资比例，而是完全自由控制的。所以，专户产品往往在资本市场出现机会时，及时入市，而在不确定性较大时，会选择更多地持有固定收益类资产以等待机会的出现。

多数基金公司都会设有基金专户业务的管理部门，专门负责基金专户的产品研发和投资。也有一些基金公司出资成立专门的基金子公司负责专户业务。基金子公司除了可以投资二级市场之外，还能够通过设立专项资产管理计划从事非标资产的投资，所以业务范围堪比信托公司。

在选择专户基金一对多产品时，主要关注的是两点。第一点和公募基金相同，就是专户产品的基金经理过往业绩如何，同类产品是否具有竞争力。第二点是专户产品的定位，也就是这只专户产品与公募基金的区别在哪里，比如它是否利用了专户产品投资范围更加灵活的优势采取了更鲜明的策略，又或是完全抛弃公募基金保排名的套路利用 CPPI 等策略做成绝对收益？如果一只基金专户产品并没有办法与公募基金形成差别化，仅仅是门槛的提高，便失去了“高端产品”的价值。

自成一派的券商资管

虽然公募基金在资本市场上已经成为核心机构，但要说起股票投资业务，其实鼻祖是证券公司。作为资产市场的弄潮儿，证券公司在证券投资业务上具有得天独厚的优势，自然要发挥特长，在这个市场上分一杯羹。证券公司的投资业务分为两大块，一块是拿自有资金投资，另一块是代客投资。代客投资就是证券公司的资产管理业务，通常设有专门的资产管理部或者独立的资产管理公司来开展这一业务。

证券公司的资产管理业务其实是命运多舛的。为什么这么说呢？因为自证券公司开办代客理财业务以来，就一直在风风雨雨中砥砺前行，早期经历了乱象丛生的阶段，在监管进行规范之后，终于以证券公司资产管理计划的形式登上历史舞台。但最初证券公司资产管理计划的定位比较尴尬，被夹在公募基金和银行理财产品中间，公募基金的门槛更低，而银行理财产品的收益稳健。在受到两头挤压的困境下，证券公司的资产管理业务依然自强不息，“杀出了一条血路”，顽强地存活了下来。

现在的证券公司资产管理业务，包括公募基金、证券公司集合资产管理计划（又分为大集合和小集合）、证券公司定向资产管理计划、证券公司专项资产管理计划几个品种。对于证券公司的资产管理计划，很多人都有疑问，集合计划和定向计划有什么区别？集合计划怎么还分大集合和小集合？集合计划的起点怎么还有 5 万元和 10 万元，还有 100 万元的？这些产品到底是如何分类的？

其实证券公司的资产管理业务一直在不断演变，证券公司的资产管理计划也随着监管的细化而不断细分。2003 年，中国证监会发布了《证券公司客户资产管理业务试行办法》，把证券公司的资产管理业务分为三大类：

- 为单一客户办理定向资产管理业务。
- 为多个客户办理集合资产管理业务。
- 为客户办理特定目的的专项资产管理业务。

我们不妨这样理解，客户办理资管业务好比要选择一种交通工具去往一个目的地。定向资产管理业务相当于乘坐专属的出租车，一人一车，司机为乘客提供一对一服务，直达目的地；集合资产管理业务相当于乘坐公共汽车或地铁，同行的人可能有很多，司机同时服务很多个乘客，按照既定路线行驶；专项资产管理业务相当于为特定目的承包专车，例如要托运一架钢琴，司机不仅仅要考虑路线，还要考虑以何种形式实现钢琴的托运。

在试点阶段，集合资产管理业务被分为限定性集合计划和非限定性集合计划。其中限定性集合计划是将权益类资产的投资比例限制在 20% 以内，也就是说可以视为以固定收益等低风险投资策略为主的一种产品，产品的起购门槛是 5 万元。非限定性集合计划就是不受以上投资比例的限制，可以自由配置，风险相对于限定性集合计划更高，因此门槛也提高到 10 万元。

此后，在2012年、2013年中国证监会又相继发布了《集合资产管理计划实施细则》并进行修订。集合资产管理计划被划分为“大集合”和“小集合”两类。“大集合”仍然沿用了集合资产管理计划5万元（限定性）和10万元（非限定性）的参与门槛，而“小集合”作为一种新的产品形式登上历史舞台，起初定名为“限额特定资产管理计划”，参与门槛是100万元，其对标的产品是基金公司的“一对多特定客户资产管理计划”，是针对高净值客户设立的一种投资更加灵活、投向更加丰富的资管产品。之后“大集合”产品由于不符合私募类产品的准入门槛，监管机构停止了新产品的发行，但已成立产品还可以照常运作。

定向资产管理计划是针对单一客户单独设立的一类产品，只要符合法律和监管要求，想投哪些品种，加不加杠杆，这些游戏规则可以由客户来决定，证券公司会根据这些需求量身定制出一款产品进行投资。

所以，大集合、小集合、定向都是券商资管根据客户入门门槛和风险承受能力所发行的不同定位的产品。至于专项资产管理计划，由于其是针对特殊目的发行的一类资管产品，多被用于资产证券化领域。

2013年《中华人民共和国证券投资基金法》修订，证券公司在获得资格核准后，也可以发行公募基金。自此，一些证券公司也在公募基金领域开始了尝试。2018年资管新规落地之后，部分存续的“大集合”也在逐步向公募基金转型。

其实，证券公司和基金公司在产品分层定位上是非常趋同的，基本上分成了普惠产品、高端产品、定制产品、特殊用途产品四大类，而且同一类定位的产品也是非常相似的，详见表6–1。

表 6-1 证券公司和基金公司的资产管理产品对比

	证券公司	基金公司	起购金额	人数限制
普惠产品	公募基金		1 元	无限制
高端产品	集合资产管理计划	基金专户一对多	100 万元	2~200 人 / 机构
定制产品	定向资产管理计划	基金专户一对一	1 000 万元	1 人 / 机构
特殊用途产品	专项资产管理计划		1 000 万元	1 人 / 机构

基金专户一对多和券商集合资产管理计划这两个产品相对于公募基金有两个核心优势：一是产品追求绝对收益，二是通过业绩报酬的机制促进产品追求更可观的收益。至于绝对收益和业绩报酬，我们会在后文进行介绍。

绝对收益产品的养成

公募基金虽然有着标准化、规范化、门槛低等诸多闪闪发光的优点，几乎可以作为资管新规的模范，却有一个致命的缺点，就是过度标准化导致的灵活度下降，使公募基金逐渐演变出了“相对排名”的潜在机制。公募基金有着严格的分类，每一类产品有着严格的投资比例限制。比如股票型基金有 80% 的股票仓位下限，在牛市时自然是好事，但在熊市时，基金经理就算是神仙，也不能突破法规的限制调低基金的仓位，因此所有的股票型基金在熊市将哀鸿遍野。那么在基金公司内部，由于市场原因造成的业绩不佳应当如何对基金经理进行考核呢？大多数基金公司会依据同类基金的排名来考核基金经理，如果大家的业绩都很惨，例如某年所有股票型基金的平均收益为 –50%，而 A 基金经理的业绩是 –25%，在同类产品中排名前 10%，这样他依然可以拿到最好的绩效。最终，公募基金领域流行起“排名游戏”。由于“江湖规则”如此，所以很多基金经理在乎的不是为投资者赚了多少钱，而是所管理的基金排在同类产品的什么位置。最终，很多投资者发现，持有公募基金似乎并不赚钱，有的时候尽管自己手上的基金排名多么靠前，持有一年收益却依然是负的，不但没有收益，连本金都出现了损失，投资者体验自然不是很好。

如果说公募基金做的是相对收益，那么证券公司资产管理计划和基金专户一对多产品的目标就是通过资产灵活配置实现绝对收益，因为这两类产品都可以不受严格的仓位限制，从而实现真正的资产灵活配置。绝对收益就是在尽量保证本金不亏损的前提下，实现资产的增值。

具体怎样实现绝对收益呢？为什么很多人自己炒股票，也想实现绝对收益，但过程都是追涨杀跌，结果大多不尽理想呢？其实对于专业的资产管理机构，绝对收益并不是什么复杂的事情，它们有很多专业的办法来实现绝对收益。这里列举一个简单的方法：CPPI 策略。

CPPI 策略是 Constant Proportion Portfolio Insurance 的缩写，中文译为固定比例投资组合保险。CPPI 策略是一个典型的绝对收益策略。这个策略把投资组合分为保本资产和风险资产两类，保本资产是投资组合的风险底线，比如对于严格要求保本的投资者而言，保本资产就是全部委托资产的本金；而风险资产则是用于博取收益那一部分资产。

举个例子说明，委托资产是 1 亿元，如果在绝对收益的框架下，要求本金不能出现亏损，那么依据 CPPI 策略，可以把 1 亿元本金切分为保本资产和风险资产两个部分进行投资。假设当时市场的无风险年化收益率为 4.16%，则可将 1 亿元本金中的 9 600 万元作为保本资产，全部投资于无风险资产，那么在未来一年的时间预期将获得约 400 万元的收益（9 600 万元 ×4.16%）。同时，将本金中的 400 万元作为风险资产全部投资于股票等风险资产和预期收益相对较高的资产，并采取一定的杠杆策略，以放大收益的倍数。在一年之后，最恶劣的情况是 400 万元的风险资产全部损失，而 9 600 万元的保本资产赚取了 400 万元收益，最终的本金收益合计为 1 亿元，相当于本金并没有任何损失，总体投资收益率为零。而比较理想的情况是，400 万元的风险资产实现了 150% 的投资收益，既获得了 600 万元的收益；同时 9 600 万元的保本资产也赚取了 400 万元收益，整个投资组合的收益就变成了 1 000 万元，总体投资收益率达到 10%。详见图 6–3。

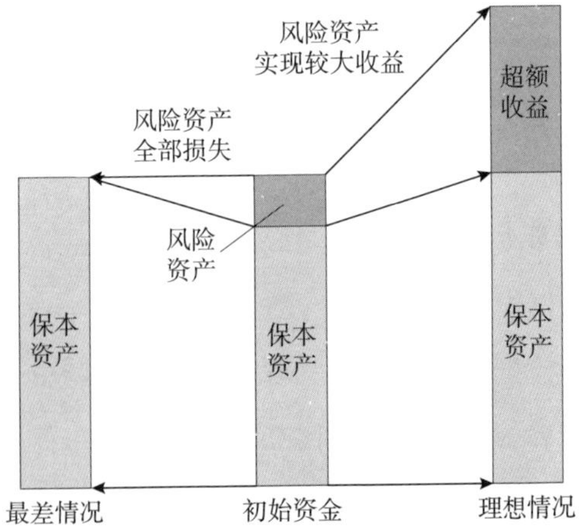

图 6–3　CPPI 策略的两种极端情况

凭实力“出位”的业绩报酬

科学的考核方式能够催人奋进。大多数基金公司对公募基金经理进行考核的重要标准是其所管理基金的排名，排名越靠前，宣传和销售就越有亮点，规模也会随之增加，管理费自然也就越多。而基金专户和券商集合计划这类“高端产品”属于私募类产品，按照规定并不能够在公开渠道宣传和销售，信息披露也没有公募基金那么透明，因此排名就没有了意义。那基金公司和证券公司是如何对这类产品进行考核的呢？证券公司最早引入了一项海外资产管理产品的机制，就是业绩报酬。

业绩报酬是资产管理人在投资的过程中，与委托人约定一个业绩基点，管理人参与分配超过这个基点的收益。举个例子，一只资产管理计划的业绩基点是 10%，对于超额部分资产管理人按照 20% 的比例计提业绩报酬。那么如果资产管理计划的规模为 1 亿元，某年收益为 1 800 万元（18%），则收益超过 10% 的部分即 800 万元需要按照 20% 计提业绩报酬，管理人应得到 160 万元业绩报酬，详见图 6–4。

业绩报酬可以被看作对管理人能力的认可，进而从投资组合的超额收益部分分出一部分红利对管理人进行嘉奖。如果定额管理费相当于上班族的固定工资，那么业绩报酬就相当于绩效奖金。

由于业绩报酬能够对资产管理人起到很强的激励作用，赚得多就分的多，因此也被广泛应用在基金专户和券商集合计划产品之中。基金公司和证券公司也会制定公司内部激励政策，将基金经理或投资经理为公司创造的业绩报酬按照一定比例发放给个人

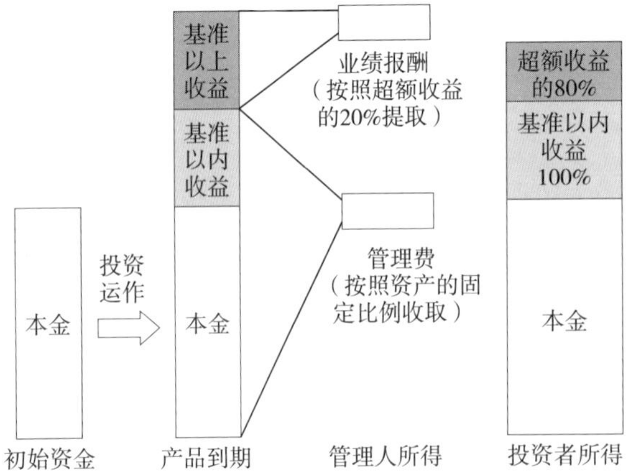

图 6-4　业绩报酬模式下的收益分配示意图（业绩报酬按照二八分成）

作为薪酬激励。

由于业绩报酬的优势显著，目前公募基金也开始试点采取业绩报酬的形式收取管理费。这也使得公募基金管理费的计提方式变得更加多元化。

DAY 6　精进知识回顾

在理财精进的第 6 天，我们主要了解了一些 100 万元起步的“高端产品”，包括信托计划、基金专户和券商资产管理计划。要投资这些产品，首先要成为一名“合格投资者”。对于个人而言，合格投资者的标准是家庭金融净资产达到 300 万元，或者家庭金融资产达到 500 万元，又或者近 3 年的年均收入达到 40 万元。设置这一标准的目的主要是对投资者加以保护，防止低风险承受能力的投资者因购买这些风险较高的产品而影响日常生活。

同为 100 万元起步的“高端产品”，信托公司更擅长信贷类债权产品，隶属于中国银保监会管辖；而基金公司和证券公司更擅长于资本市场的投资，隶属于中国证监会管辖。因此，投资固定收益类产品时，更推荐选择信托计划；而在投资权益类产品时，则更推荐基金专户或者券商资管计划。

选择信托计划时需要用到“八看指南”：

1. 看类型，建议以融资类信托为主，轻易不选择投资类信托。

2. 看项目，看融资的项目是否大体靠谱，行业趋势是否向好，有无明显瑕疵。

3. 看主体，看融资公司的品牌和行业地位以及财务状况。

4. 看还款，看融资公司对信托项目的还款来源，未来是否有可期的销售收入或者有望获取银行贷款。

5. 看质押，看项目有无质押物，以及质押物的流通情况和质押率。

6. 看担保，看项目是否有其他主体进行担保以及担保公司的评级情况。

7. 看品牌，看信托公司的综合品牌、信托规模和过往兑付情况。

8. 看渠道，看信托代销渠道的整体实力。

如果资产实力非常雄厚，建议为自己和家人设立家族信托。家族信托有三大功能：

1. 作为财富传承的保障，为资产提供保值增值。

2. 可以实现合理避税。

3. 可以成为资产隔离的防火墙，在委托人死亡、离异或破产时信托资产不受影响。

基金专户和券商资管计划与公募基金相比，更加偏向于获取绝对收益。同时，也因其可以设置业绩报酬条款而对管理人实现正向激励。如果你已经是一名合格投资者，同时也没有时间和精力在几千只公募基金的挑选上耗费时间，不如选择一只好的基金专户或者券商资管计划产品进行投资。

DAY 7

私募基金的资本盛宴

¥ · € · $

广义与狭义的私募基金

广义的私募基金是相对于公募基金而言的，指的是采用非公开方式面向特定合格投资者募集的基金，包括在第6天介绍的信托、基金专户和券商集合计划，以及接下来将要介绍的私募投资基金。狭义的私募基金则指的是以非上市股权为投资标的的基金，也就是通常人们所称的PE（Private Equity的简写）基金，它也是私募投资基金范畴的一个种类。

按照中国证券投资基金业协会在产品备案时的分类，私募投资基金可以分为三个大类，见图7–1。第一类是私募证券基金，主要投资于公开交易的股票、债券、期货、期权、基金份额等资产，这一类私募基金属于标准化产品，与公募证券投资基金的运作形式非常类似，但私募证券投资基金更强调绝对收益，同时在投资上也具有更大的自由度。

第二类是私募股权投资基金，是以未上市企业股权、上市公司非公开发行或交易的股票为投资标的的私募基金，是投资于一级市场的基金，也是前文提到的狭义的私募基金，即PE基金。

第三类是资产配置类私募投资基金，主要采用基金中的基金（Fund of Funds，简写为 FOF）的投资方式，对私募证券投资基金和私募股权投资基金进行投资。

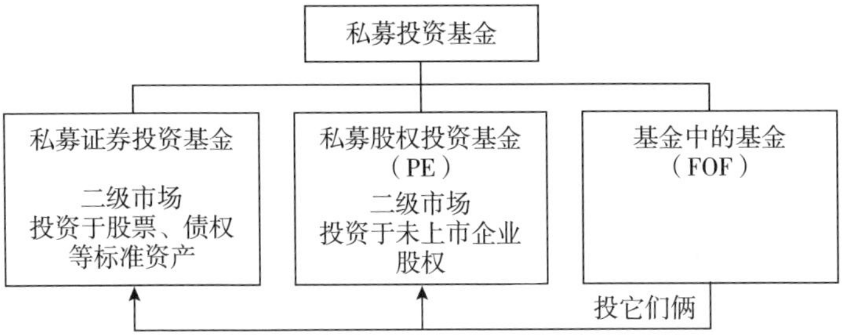

图 7-1 私募投资基金分类

要想参与私募基金投资，同样需要先成为“合格投资者”。私募基金投资的合格投资者标准与资管新规的合格投资者标准大体相似但稍有不同，私募基金投资的合格投资者是“金融资产不低于 300 万元或者最近 3 年个人年均收入不低于 50 万元的个人”。对于私募基金投资设置这样的门槛是十分有必要的，尤其是私募股权基金，属于风险和预期收益都非常高的产品。私募股权基金主要以未上市公司的股权作为投资对象，具有本金完全损失的可能性，很多项目到后期是难以通过 IPO（首次公开发行）等理想的方式退出的，只能折价清算。但是，在被投项目中一旦有一个项目成功完成 IPO，投资者就能够实现“大翻身”，收回数倍甚至数十倍于本金的收益。因此私募股权基金就像赛道上疾驰的赛车，当然不能与公路上行驶的普通汽车采用统一标准，高门槛也是完全合理的。

契约与有限合伙，GP 与 LP

要想深入了解私募基金，除了知道广义与侠义的分类，还要知道契约型基金与有限合伙基金的区别，以及 GP 与 LP 这些专有名词的含义。

私募基金按照组织形式可以被分为契约型基金、有限合伙型基金和公司型基金三种。契约型基金是通过契约的形式成立一个 SPV[①] 作为投资载体，这个 SPV 只是一个信托产物，本身不具有法人资格。在契约型基金中，投资人委托基金管理人来管理和处置基金，并需要请专业托管人进行托管，契约型基金的运作是基于信托关系，投资者只享受基金的收益权，而不能参与基金的决策。契约型私募基金的参与人数上限是 200 人。其实公募基金、信托计划、基金专户、券商集合计划都属于契约型资产管理产品。

有限合伙型基金，是投资者以有限合伙的形式参与基金，承担有限责任，成为有限合伙人（Limited Partner，简写为 LP）；基金管理人以少量资金参与基金，承担无限责任，成为普通合伙人（General Partner，简写为 GP）。作为 GP 的基金管理人负责基金的投资运作，按照合伙协议的约定收取管理费，而作为 LP 的投资者并不参与基金的管理，只享受基金的收益权。有限合伙型私募基金的参与人数上限是 50 人。由于有限合伙型基金并不是独立的纳税主体，所以可以避免双重纳税问题，加之有限合伙型基金的 GP

---

① SPV 是 Special Purpose Vehicle 的简写，是为特殊目的而设立的载体，以独立于其他资产。

一般都有业绩报酬条款，激励机制也更到位，因此有限合伙型基金是目前股权投资基金的主流基金形式。

公司型基金是以公司形式成立并运作的私募基金，所有的出资人都是公司的股东，由股东选举董事会，由董事会选聘基金管理公司，基金管理公司管理并运营整个公司型基金。公司型基金的机制比起契约型和有限合伙型更加健全，也有独立的法人资格，但也需要在公司层面进行纳税。正是因为公司型私募基金太过规范，基金的重大事项都要依据章程规定，由董事会或股东大会决策，投资决策效率不高，而且存在双重纳税问题，因而并没有受到广泛应用。

表 7–1 对三种私募基金形式进行了对比。

表 7–1　三种私募基金形式的对比

	契约型	有限合伙型	公司型
法律关系	信托关系	合伙关系	股权关系
参与人数	1~200 人	2~50 人	2~200 人
法律依据	《基金合同》	《合伙协议》	《公司章程》
主体纳税	否	否	是

关于股权融资的一个故事

由于公募基金和银行理财产品的受众非常广，加之很多投资者都有直接投资股票的经历，因此对于二级市场的证券投资还是比较了解的。相对于二级市场的公开交易和明码标价，很多投资者对一级市场就没那么了解了，可谓影影绰绰、雾里看花。先不说怎么选行业与产品，仅是进入时机就已经使很多投资者一头雾水了，更别说什么天使轮、A轮、B轮、C轮、IPO等，很多投资者并不清楚这些专有名词的具体所指。要投资私募股权基金，就必须要先搞明白这些内容。

首先，成立一家公司需要一定的启动资金，那么资金可以从哪些渠道获得呢？常见企业融资方式有四种：股东投资、银行贷款、发行债券和股权融资。一般公司的创业启动资金大多来自股东投资，但是股东投资仅限于初创期，后期企业的发展壮大需要更多地依靠外部资金注入。初创期的公司很难获得银行贷款，因为银行更偏爱给运作成熟、收益稳定的企业发放贷款，不过股东可以以个人名义通过信用贷款、房地产抵押、股票质押等方式间接获得贷款，以实现对企业的投资。发行债券对于初创期企业是不现实的，属于成熟企业的融资方式。股权融资就是通过出让股权获得资金，私募股权基金就是专门挑选有潜力和发展空间的企业，对它们进行股权投资，进而在后期通过退出等方式获得收益。股权融资分为多个阶段，包括：天使轮、A轮、B轮、C轮、IPO。看起来有点儿复杂，但其实很简单，我们不妨用一个例子来说明。

初期创业[①]

罗煜和兰岚是大学同学，工作几年后，罗煜想自主创业制造

① 故事纯属虚构，案例中的个人与机构名字均为虚拟。

一款运动手表。罗煜拿出30万元，兰岚拿出20万元，这50万元就是创业启动资金。为了更好地研发运动手表，罗煜找来了在芬兰从事相关行业的中学同学项博，但项博从国外回来参加创业，没有太多资金，经商议，算他技术入股20万元，由罗煜和兰岚各分摊10万元。三个人成立了公司，品牌定为“枫”。三个人的持股比例为：罗煜40%，项博40%，兰岚20%。

天使轮融资

通过一年多的研发，“枫”的第一款运动样表诞生了，具备监测和显示多种环境与体能指标的功能，同时可实现USB充电，可通过蓝牙将数据导入电脑，是颇具竞争力的一类新产品。问题是，当前公司已经没有多余的运营资金继续推进运动手表的生产，如果想继续经营，就必须进行融资。此时罗煜找到了自己在登山时遇到的朋友林女士，林女士也是从事股权投资的专业人士，同时对运动手表也颇有兴趣，表示愿意出资参与“枫”天使轮的融资。

林女士投资经验比较丰富，她提出了三个建议：第一是要对公司进行估值；第二是为长远发展考虑，要建立股权池；第三是要对手表的一些创新功能申请专利。经过商量，大家一致同意此时公司估值200万元，并拿出20%的股权设立股权池。股权池是为公司未来吸引高级人才和建立股权激励预留的一部分股权。此后，林女士作为天使投资人出资40万元入股公司，获得20%的股份。之所以叫天使投资，是因为通常天使投资人都是在公司初创不久，还没有显著的业绩支撑的时候，仅凭着对项目的看好或者对创业者的信任进行投资，对于创业者而言就像天使一样。

此时，罗煜在初创期 40% 的股份在建立股权池时稀释至 32%，在天使轮融资后进一步稀释至 25.6%。但由于估值的增加，罗煜的股份按照估值计算价值为 51.2 万元（200 万元 ×25.6%）。

A 轮融资

公司已经成功拿到了部分功能的专利，同时第一款运动表经过改良已经具备投产条件，并谈好了几家网络电商平台进行线上销售。目前需要更多资金启动手表的批量生产。此时林女士找来了雪峰资本，一家专注风险投资的私募基金。由于已经具备专利、目标市场和预定定单，公司的估值达到 1 500 万元，雪峰资本同意出资 300 万元对“枫”进行风投，持股 20%。此时罗煜的股份稀释至 20.48%，但按照最新的估值，价值为 307.2 万元（1 500 万元 × 20.48%）。

B 轮融资

公司的产品“破风者”I 代户外运动手表已经上市，获得了一定订单量。公司准备扩大“破风者”I 代手表的生产，并通过网络广告做大销量。此时又到了需要资金的时刻，公司启动了 B 轮融资。此时公司估值 6 000 万元，长风产业基金出资 1 200 万元投资

“枫”，获得公司 20% 的股份。罗煜的股份稀释至 16.38%，按照最新的估值，价值为 982.8 万元（6 000 万元 ×16.38%）。

C 轮融资

公司将“破风者”I 代手表升级为“破风者”II 代，在几家主流电商渠道形成了一定的市场占有率，同时公司设计了第二款产品“破雾者”，主要针对登山运动爱好者。公司已经实现了跨越式的发展，为了进一步扩大市场份额，并且将“破雾者”投产，公司启动了 C 轮融资。此时已经有不少私募基金慕名而来，希望投资“枫”。经过相互谈判选择，最终公司接受了领翔资本的方案，出让 20% 股份获得 4 000 万元的融资额。此时罗煜的股份稀释至 13.11%，按照最新的估值，价值为 2 622 万元（2 亿元 ×13.11%）。

IPO

IPO（Initial Public Offerings）是首次公开募股，是一家公司首次向社会公众以公开招股的发行方式募集资金，也就是上市。IPO 可以使公司获得更多的资金，同时也是不少投资人实现退出的方式。

公司已经具备“破风者”（日常运动系列）、“破雾者”（登山系列）、“破浪者”（潜水系列）和“破云者”（专业赛事系列）四个系列的运动手表，是中国市场占有率排名前五的运动表品牌，而

且“破浪者”系列是国内唯一的潜水手表品牌，出口韩国、日本和东南亚各国。此时公司决定启动运动手表的全球出口计划，并且通过对知名体育赛事的赞助扩大品牌知名度。又到了需要资金的时刻，各投资人商议决定拿出 20% 的股份进行 IPO。

公司最终通过 IPO 上市，各轮投资人也成功实现了退出，拿到了丰厚的投资回报。在上市后，公司可以通过银行贷款、发行债券或者增资扩股的方式进行再融资，不断扩大生产经营。“枫”从三个年轻人的梦想最终成为一个民族品牌，赢得了全球众多运动爱好者的喜爱和追捧。

表 7–2 回顾了“枫”的整个融资历程。

其实一家企业的融资历程就好比种一棵樱桃树。最初的创业者把种子种在土地里，并精心培育。天使投资人看到种子发芽了，就进行投资，所以这个阶段也叫“种子期”。而后，种子长成了树苗，显示出了不错的成长势头，风投机构看到树苗之后进行投资，这个阶段也叫“成长期”。等到树苗长成了参天大树，已经结出一簇一簇的樱桃，各类股权投资基金就开始争相投资了，这个阶段也叫“成熟期”。每个阶段，都会有不同类别的股权投资机构，以不同的目的来进行投资。

表 7–2 “枫”的整个融资历程（各投资人所占股份）

股权持有人	初创期	设立股权池	天使轮	A 轮	B 轮	C 轮	IPO
罗煜	40.00%	32.00%	25.60%	20.48%	16.38%	13.11%	10.49%
兰岚	20.00%	16.00%	12.80%	10.24%	8.19%	6.55%	5.24%
项博	40.00%	32.00%	25.60%	20.48%	16.38%	13.11%	10.49%
股权池		20.00%	16.00%	12.80%	10.24%	8.19%	6.55%
林女士			20.00%	16.00%	12.80%	10.24%	8.19%
雪峰资本				20.00%	16.00%	12.80%	10.24%
长风产业基金					20.00%	16.00%	12.80%
领翔资本						20.00%	16.00%
IPO							20.00%
合计	100.00%	100.00%	100.00%	100.00%	100.00%	100.00%	100.00%

美国的私募基金体系

前文通过一个股权融资的故事，我们了解了私募股权融资的整个流程以及各个阶段的特点。我们知道，私募投资基金按照基金的投向可以被分为私募证券基金、私募股权基金和资产配置类基金（FOF）；按照组织形式可以被分为契约型基金、有限合伙型基金和公司型基金。但是在业内，专业人士也很喜欢用另外一套体系对基金进行分类，这套体系其实是在美国运用已久的，能够从基金的形式和资金用途进行直观区分，包括风险投资基金（Venture Capital，简写为 VC）、并购基金（Buy-out Fund）、夹层基金（Mezzanine）、重振基金（Turnaround Fund）和 FOF。

风险投资基金

风险投资在我国也被称为“创业投资”，主要投资对象是不具备上市资格的小型的、新兴的或未成熟的高新技术企业，通过注入资金促进被投企业发展，而不是为了控股。风险投资通常在企业早期，一般投资周期是 5~7 年，退出方式一般是被投企业上市或股权转让。

需要明确的是，风险投资虽然是早期投资，但是与天使投资有着显著区别。天使投资大多是由个人以自有资金对感兴趣的企业进行投资，其投资成本更低，一般被投企业的规模更小。此外，天使投资是自有资金，风险投资基金是集合投资基金。

并购基金

并购基金是专门从事收购、并购业务的基金。并购基金投资于已有的公司，而不是创建新公司。并购基金追求对被投企业拥有一定控制权，参与其决策管理。

并购基金比较偏向于已经形成一定规模和产生稳定现金流的成熟企业，而不是新兴的高新技术企业，这一点与风险投资基金不同。投资期限在 3~5 年，或者更长，流动性差。退出方式包括 IPO、出售、兼并收购、管理层回购、清算等。

夹层基金

夹层基金的本质是一种借贷资金，夹层融资与普通贷款基本一致，但是在企业的偿债顺序中位于银行贷款之后、在股权之前，也就是次级债权。其具体形式可以是次级贷款，也可以是可转换票据或者优先股。

夹层基金的还款期限一般为5~7年，退出的确定性较大。夹层基金的收益包括几种：一是现金票息，会高于相关银行间利率；二是还款溢价；三是股权激励。

重振基金

重振基金专门针对运营业绩不佳的企业进行投资，尤其是处于财务危机或者重组进程中但仍具有长期市场生存能力的企业。重振基金通过对企业注资改善企业的经营状况，实现价值提升。

FOF

FOF是基金中的基金，即本身不直接投资于企业或项目，而是专注投资于其他基金，并获得回报。由于私募股权基金的门槛较高，最低需要100万元起，部分排名靠前的基金可能设有500万元甚至2 000万元的投资门槛，同时风险比较集中。对于个人或中小型机构投资于私募基金的资金成本和风险都过高，这时则可以选择 FOF。FOF 集合了众多投资人的资金，再去投资其他的私募基金，不但可以分散风险，同时可以降低投资成本。

像婚姻一样选择股权基金

如果说证券投资基金的投资就像谈恋爱，那么私募股权基金的投资则更像是结婚。遇到不合适或者不开心的情况，证券投资基金直接卖掉股票或债券“分手”走人。人们可能在一段感情中收获不少甜美的回忆，也可能付出很多真情却并没有得到多少回报，就像投资的收益或亏损。但恋爱是自由的，有可能是几个月的感情，也可能几年甚至几十年。股权投资就完全不同了。只要投资，就相当于开始了一段婚姻，因为股权投资的期限非常漫长，而且未上市股权的流动性非常之差，想退出并非易事。不过培养一个成功的上市公司，还真有些像因美好的婚姻而孕育出的孩子，守护着孩子慢慢成长，不也是一件幸福的事儿吗？

既然股权投资类似婚姻，自然要慎重选择，真诚付出，用心经营。人们在择偶时，会综合考虑对方的人格品性、相貌身材、学识能力、经济实力、家庭情况等。其实选择投资一只股权基金，也应当对其拟投资的项目有基本的了解，主要从以下几个方面来判断。

项目所在行业的情况

选项目之前先看其行业发展前景，一般私募基金偏爱潜力较大、发展前景较好的行业，而不会选择一些过于成熟甚至是处于夕阳状态的行业。比如，20 世纪 90 年代人们愿意投资磁媒行业，比如磁带、磁盘、录像带。过了 10 年，光媒开始取代磁媒，人们肯定不会再投资磁媒行业，转而投资光媒行业，比如光盘、DVD 刻录机。又过了 10 年，光媒行业也日渐衰落，云存储兴起，人们又会将投资方向调整至云数据的相关行业。如果选错了行业，即便是再优质的企业，也很难有未来。

项目在行业中的竞争力

对于一个朝阳行业来说，会有很多的竞争参与者，这个时候就要看所选项目在行业中的竞争力了。每个行业都有细分，如果所选项目在行业的细分领域能够占有较强的竞争地位或者市场份额，就更值得投资。或者，一个项目具备一款或一类极具竞争力的产品，有着与众不同的特色或者具备专利，那么也是有可能在未来迅速占领市场份额的。

项目持续经营的能力

在马拉松赛事里，最重要的并不是速度，而是耐力。企业经营也是一场马拉松，利润永远不是衡量企业好坏的最重要指标，企业生存和发展的根本不是利润，而是现金流。一家利润可观的企业可能因为一时资金链的断裂立即倒闭，这样的例子举不胜举。但是只要企业能够保持稳定的现金流，它就能够长期存活下去，与竞争对手长期抗衡，最终成为行业龙头。所以，企业持续创造现金流的能力会比利润更加重要。

项目的经营管理能力

任何项目都源于人。任何企业在最初可能都源于一个人的梦想，后期会成为许多志同道合的人的共同奋斗目标。企业的掌舵人和管理团队在企业的发展中会起到至关重要的作用。通过与管理者接触、交谈可以直接了解他们的想法、计划和经营思路，也可以判断他们的学识、性格、管理能力。同时，通过公司的制度、工作流程、商业计划书等资料也可以间接了解管理者的能力。

项目退出机制

股权投资的目的是盈利，经历漫长的投资期之后，一定要考虑最后如何实现盈利的目标，也就是如何退出。一般而言，IPO 是私募股权投资最理想的退出方式，所以在选择项目时，一定要考虑被投企业未来的上市潜力和条件。当然，除了上市，也有收购等其他退出方式，这些都是要在投资之初考虑的问题。

当然，你也可以不去操那么多心，直接找个可靠的基金，剩下的就交给管理人好了。

如何找到可靠的股权基金？

“今年过年不收礼，收礼只收脑白金。”这句广告语可能很多人都非常熟悉，就是这句广告语，把一个保健品卖到了百亿元销售额，可见广告的威力是何等巨大。公募基金可以通过各种渠道进行广告宣传，并把自身靓丽的业绩摆在公众的视线中。但是私募基金按照相关法规是不能公开宣传的，更不能面向不特定客户进行广告宣传。没有公开募集渠道，没有广告宣传，那对于投资者来说，私募股权基金该怎么去找呢？即便找到了，又如何知道这家管理机构的基金管理能力如何呢？

很多人听说过高瓴，听说过红杉资本，听说过 IDG，知道金石，知道中信产业基金，知道鼎晖投资，但除了这些机构的鼎鼎大名，又对机构主要参与的是哪个阶段的投资是否有所了解呢？此外，该如何才能参与这些股权基金的投资呢？这些顶级私募机构绝不是 100 万元就能入场的，不少机构的入场门槛甚至高达 3 000 万元起步。一只知名 PE 基金，一期基金规模动辄 5 亿 ~10 亿美元，约合 35 亿 ~70 亿元人民币，如果采用有限合伙制形式，上限只有 50 席名额，因此每个投资者平均需要 7 000 万 ~1.4 亿元的入场资金才能参与其中。很多知名机构直接设置了3 000万元起的参与门槛，可以想象能参与这些机构的项目中还是有一定难度的。如果没办法参与这些顶级机构的投资，那么市场上是否还有其他旗鼓相当的私募机构呢？投资者又该去哪里找呢？

我们主动出击。这里介绍两个可以找到优质私募股权基金的渠道：清科和投中[①]。

这是两家致力于为中国股权投资行业提供专业信息、数据、研究、咨询以及培训服务的机构，它们同时也为包括国家发改委、国家科技部、中国证监会在内的政府部门提供支持与服务，具有一定的权威性。那么该如何利用这两家机构找到可靠的私募基金呢？每年年末，这两家机构都会根据全年市场上各家私募股权基金的投资情况发布当年的私募股权年度榜单，给各大机构进行“大排名”。有了这个榜单，市场上的各种私募机构就可以“一网打尽”了。

为了便于读者参考，表7–3、表7–4、表7–5节选三组清科研究中心在其“2019年中国股权投资年度排名”[②]中公布的榜单，分别是中国早期投资机构30强、中国创业投资机构50强，以及中国私募股权投资机构50强。投资者不但可以找到优秀的股权基金，还能够对其投资阶段进行分类，便于精确锁定自己的目标投资对象。

---

① 清科指的是清科研究中心（www.pedata.cn），投中指的是投中信息（www.cvinfo.com.cn）。

② 原文网址：https://www.pedata.cn/RANKING/2019/web/list_unveiled.html。

表 7–3 中国早期投资机构 30 强

排名	机构全称	排名	机构全称
1	北京真格天成投资管理有限公司	16	上海零颐投资管理有限公司
2	深圳市德迅投资有限公司	17	洪泰基金 Aplus
3	险峰 K2VC	18	西藏安芙兰创业投资有限公司
4	创新工场	19	上海线性投资管理有限公司
5	蓝驰创投	20	杭州盈动投资管理有限公司
6	源渡股权投资管理（上海）有限公司	21	北京勿忘初心投资管理有限公司
7	九合创投	22	启迪之星（北京）投资管理有限公司
8	北京联想之星投资管理有限公司	23	上海皆宝投资管理有限公司
9	宁波梅花天使投资管理有限公司	24	浙江银杏谷投资有限公司
10	西安中科创星科技孵化器有限公司	25	深圳国金纵横投资管理有限公司
11	英诺天使基金	26	杭州不惑投资管理有限公司
12	北京创新壹舟投资管理有限公司	27	清流（北京）投资咨询有限公司
13	上海阿米巴投资管理有限公司	28	北京风云际会投资管理有限公司
14	明势资本	29	青山资本
15	深圳市前海青松创业投资基金	30	杭州道生投资管理有限公司

表 7–4 中国创业投资机构 50 强

排名	机构全称	排名	机构全称
1	红杉资本中国基金	26	贝塔斯曼亚洲投资基金
2	深圳市创新投资集团有限公司	27	北京愉悦资本投资管理有限公司
3	IDG 资本	28	湖北省高新产业投资集团有限公司
4	君联资本管理股份有限公司	29	金沙江创业投资基金
5	经纬创投（北京）投资管理顾问有限公司	30	中国风险投资有限公司
6	深圳市达晨财智创业投资管理有限公司	31	华登国际

续表

排名	机构全称	排名	机构全称
7	江苏毅达股权投资基金管理有限公司	32	天津泰达科技投资股份有限公司
8	苏州元禾控股股份有限公司	33	深圳市启赋资本管理有限公司
9	赛富投资基金	34	英特尔资本
10	启明维创创业投资管理（上海）有限公司	35	礼来亚洲风险投资基金
11	深圳同创伟业资产管理股份有限公司	36	深圳市天图投资管理股份有限公司
12	深圳市松禾资本管理有限公司	37	深圳国中创业投资管理有限公司
13	高榕资本	38	峰瑞资本
14	钟鼎资本	39	弘晖资本
15	晨兴资本	40	光速中国创业投资基金
16	深圳市东方富海投资管理股份有限公司	41	海纳亚洲创投基金
17	北极光创投	42	信中利资本集团
18	今日资本	43	红点创投中国基金
19	北京源码资本投资有限公司	44	兰馨亚洲投资集团
20	GGV 纪源资本	45	广东省粤科金融集团有限公司
21	基石资产管理股份有限公司	46	DCM
22	盈科创新资产管理有限公司	47	祥峰投资
23	浙江普华天勤股权投资管理有限公司	48	深圳市高特佳投资集团有限公司
24	北京顺为资本投资咨询有限公司	49	联想创投集团
25	德同资本	50	华创汇才投资管理（北京）有限公司

表 7–5　中国私募股权投资机构 50 强

排名	机构全称	排名	机构全称
1	高瓴资本集团	26	弘毅投资（北京）有限公司
2	腾讯投资	27	华泰紫金投资有限责任公司
3	华平投资	28	国投创新投资管理有限公司
4	鼎晖投资	29	天堂硅谷资产管理集团有限公司
5	阿里巴巴战略投资部	30	北京华控投资管理集团有限公司
6	中金资本运营有限公司	31	中银集团投资有限公司
7	金石投资有限公司	32	尚珹投资
8	博裕投资顾问有限公司	33	老虎环球基金
9	平安资本有限责任公司	34	上海联新投资管理有限公司
10	上海云锋投资管理有限公司	35	中信建投资本管理有限公司
11	摩根士丹利（中国）股权投资管理有限公司	36	中国国新基金管理有限公司
12	复星资本	37	中信资本控股有限公司
13	招商局资本投资有限责任公司	38	Kohlberg Kravis Roberts & Co. L.P.
14	太盟投资集团	39	大钲资本
15	海通开元投资有限公司	40	上海挚信投资管理有限公司
16	中信产业投资基金管理有限公司	41	百度投资部
17	国开金融有限责任公司	42	新加坡政府投资公司
18	上海东方证券资本投资有限公司	43	上海力鼎投资管理有限公司
19	招银国际资本管理（深圳）有限公司	44	淡马锡控股(私人)有限公司
20	建银国际（控股）有限公司	45	蚂蚁金融服务集团
21	华兴新经济基金	46	国寿股权投资有限公司
22	金浦产业投资基金管理有限公司	47	前海方舟资产管理有限公司
23	小米集团	48	海尔集团（青岛）金融控股有限公司
24	上海临芯投资管理有限公司	49	华盖资本有限责任公司
25	中国光大控股有限公司	50	一村资本有限公司

除了按照投资阶段进行分类，清科还按照行业细分领域对各投资机构进行了评选，涵盖包括互联网 / 移动互联网领域、医疗健康领域、文化消费领域、人工智能领域、先进制造领域、半导体领域、企业服务领域等，投资者可在自己熟悉或看好的领域选择股权基金及进行投资。

Alpha 显著的私募证券基金

与私募股权基金相比，私募证券基金因为与公募基金和银行理财产品等的投资范围都是二级市场的股票和债券，因而也更容易被广大投资者理解。很多公募基金的基金经理在公募界已经取得了非常卓越的成绩，却毅然辞去公募基金经理的工作，而投奔私募去做私募证券基金的基金经理，这在行业中被称为“私奔”。为什么会出现这种情况呢？私募证券基金在哪些方面与公募基金不同呢？

私募证券基金与公募基金相比较，在四个方面具有显著的优势。

第一，私募证券基金的 Beta 敞口相对较小。Beta 系数（贝塔系数，即 β 系数）是在投资中用于衡量投资组合的收益相对于整体市场表现的系数。Beta 系数越接近于 1，则投资组合的表现与整个市场的趋势会越趋同。在 Beta 系数等于 1 时，投资组合完全复制市场表现，因此指数基金也被称为纯 Beta 基金。大量数据显示，私募基金的业绩与沪深 300 等宽基指数的相关性较低，而公募股票型和混合型基金则与沪深 300 等宽基指数呈现出高度相关性。这是由于私募基金追求绝对收益，仓位灵活，而公募基金的各类产品都有明确的仓位限制，故呈现出趋同于市场的高 Beta 表现。私募证券基金的 Beta 敞口较小会使得基金能够在整体市场表现下跌时仍然取得正收益。

第二，私募证券基金呈现出更显著的 Alpha。Alpha 系数（阿尔法系数，即 α 系数）是基金的实际收益与按照 Beta 系数计算的期望收益之间的差额。简单理解，基金的总收益 =Alpha 收益 + Beta 收益，Beta 收益是市场平均水平的收益，所以 Alpha 收益就是超越市场水平的超额收益。因此投资界有着“Beta 很便宜，但 Alpha 很贵”的说法。研究表明，私募证券基金的投资策略丰富，而且相关性较低，且根据 2010—2019 年 10 年的数据，头部私募证券基金与头部公募基金相比，呈现出更显著的 Alpha。[①]

第三，私募证券基金持有人所获得的回报更为显著。由于大多数公募基金采取开放式的运作方式，投资者很容易追涨杀跌。在不停地申购与赎回之间，最终通过持有公募基金获得的回报并不显著，甚至出现很多亏损的情况。而私募证券基金基本采取封闭运作的模式，持有期间不能赎回，一方面减少了投资者不理智的申购与赎回行为，另一方面在投资时也不用为赎回份额预留现金资产，从而能够更充分地运用基金资产进行投资。

---

① 由于私募证券基金难以从公开渠道获得全面数据，故选用了“金牛私募股票策略指数”作为参考，但该指数是以连续 3 年获得私募金牛奖的产品作为筛选条件的，头部效应明显。相对应地，公募基金选取了某网站评级为五星的股票型和混合型基金作为头部基金的平均业绩进行同期业绩比较。该比较只能代表头部公司的业绩表现，不能代表整个行业。

第四，私募证券基金通常都设有业绩报酬条款，这一点与基金专户和券商集合计划是一样的。当基金的收益达到业绩基准时，基金管理人将提取业绩的 20%（有时会更高）作为业绩报酬。而私募基金的基金经理会从业绩报酬中拿到大量的奖金报酬，这也是公募基金“私奔”的主要原因之一。业绩报酬机制会充分激励基金经理全心全意做好投资，并实现优胜劣汰。

当然，任何事情都是有两面性的。私募证券基金与公募基金相比也有两个显著的弊端，一是数据披露不公开，信息没有公募基金那样标准和透明，导致投资者在选择时可能存在信息不对称现象；二是私募证券基金的起点过高，普通投资者参与难度较大。

· 划重点 ·

私募证券基金的优势在于 Beta 敞口较小，而 Alpha 更为显著，由于采取封闭运作、追求绝对收益的策略，并有业绩报酬的激励机制，因而能够给投资者带来更可观的收益。

私募证券基金的劣势在于信息披露不够标准和透明，投资者信息不对称，且参与门槛较高。

如何买到优质的私募证券基金？

无论是私募股权基金还是私募证券基金，普通的合格投资者想购买都有两个很现实的问题，一是渠道问题，就是从哪里买；

二是门槛问题，大多时候即便成为私募基金的合格投资者，也买不到头部私募基金管理人的产品。

先看渠道。首先，银行是一个非常可靠的渠道，很多银行针对私人银行客户会代销一部分优质的私募基金，而且这些私募基金都会先由银行把关，经过银行的层层筛选与审核，才会最终上架代销。还有一些银行并不直接代销私募产品，而是对私募产品进行包装，成为“阳光私募”。阳光私募以证券投资类信托计划作为产品载体，而实际管理人由私募证券基金管理人担任，私募基金作为信托计划的投资顾问，对产品具有实质投资权。阳光私募表面上是信托，其实信托只是一层通道。阳光私募的投资顾问一般是具有丰富经验与良好业绩的私募基金管理公司，同时信托计划由具备托管资格的商业银行予以保管，因此相对私募证券基金而言，这类产品通过信托实现了“阳光化”。

如果银行渠道的产品选择较少，或者“抢不到”自己心仪的产品，投资者也可以通过一些财富管理机构买到私募基金，比如诺亚财富、格上理财等。但财富管理机构良莠不齐，诈骗案件时有发生，投资者在选择时务必要事前做好详细的研究和了解，最好能够在专业人士的指导下通过财富管理机构购买私募基金，避免仅通过电话或网络等渠道了解信息后直接购买。

再看门槛。很多投资者达到了私募基金合格投资者的要求，也有数百万元的投资资金，却还是未必能买到头部管理人的私募基金。前文提到过，头部私募基金，尤其是顶级私募股权基金，每期产品募集动辄几十亿元，采用有限合伙制形式则只能允许 50 人参与，因此通常都设有 1 000 万 ~3 000 万元的高门槛，并非普通合格投资者的资金实力可以企及。那么还有什么办法参与这类基金呢？有的，通过 FOF。

钱女士想参与某知名产业基金的 PE 产品，但手头计划投资的资金仅有 300 万元，这家知名基金的参与门槛是 3 000 万元，显然钱女士是没有参与机会的。但钱女士在咨询这家知名基金的工作人员之后，了解到 ABC 私募基金将会作为机构投资者参与知名产业基金的 PE 产品，而且同时还会投资另外两家业内顶级的 PE 基金。ABC 基金的基金类别是 FOF，目前正在开放募集，参与门槛是 100 万元。钱女士在调查之后，发现 ABC 基金是一家已在中国基金业协会备案的正规机构，并且有良好的历史业绩，新发行的 FOF 产品也将由具备托管资格的商业银行托管，于是就购买了这只 FOF。这只 FOF 成立规模为 2.4 亿元，拿出其中 1.2 亿元参与知名产业基金的 PE 产品之中，而另外的 1.2 亿元则参与另外两家头部机构的 PE 产品中。如此一来，钱女士通过购买 FOF，间接享受了头部机构的产品，实现了自己的投资梦。

· 划重点 ·

如何才能买到优质的私募基金？

- 私募基金可以通过银行和正规的财富管理机构购买。
- 投资者也可以通过购买银行代销的阳光私募形式的信托产品享受私募基金的投资服务。
- 对于门槛过高的 PE 基金，可通过 FOF 的形式实现间接持有。

DAY 7 精进知识回顾

在理财精进的第 7 天，我们了解了私募投资基金的相关常识。私募投资基金按照基金的投向可以分为私募证券基金、私募股权基金和资产配置类基金（FOF）；按照组织形式可以分为契约型基金、有限合伙型基金和公司型基金；按照基金的形式和资金用途可以分为风险投资基金、并购基金、夹层基金、重振基金和 FOF。

为了详细了解一家公司在各个阶段的融资历程，我们看了一个股权融资的故事，知道了私募股权基金是如何参与未上市公司股权的投资和退出的。选择一只好的私募股权基金，要么应当对其所投的项目有所了解，要么就选择一个可靠的头部私募管理人。所投项目可以从项目所在行业、项目在本行业的竞争力、持续经营能力、经营管理能力以及退出机制等方面进行综合判断。私募股权基金头部管理人名单可以从清科和投中等专业私募研究机构获取相关信息。

私募证券基金相比公募基金，优势在于 Beta 敞口较小，而 Alpha 更为显著，由于采取封闭运作、追求绝对收益的策略，并有业绩报酬的激励机制，因而能够给投资者带来更可观的收益。私募证券基金的劣势在于信息披露不够标准和透明，投资者信息不对称，且参与门槛较高。

由于优质私募基金门槛非常高，又很难从公开渠道获取相关的信息，那么如何才能买到优质的私募基金呢？主要有三个途径：

1. 私募基金可以通过银行和正规的财富管理机构购买。

2. 可以通过购买银行代销的阳光私募形式的信托产品享受私募基金的投资服务。

3. 对于门槛过高的 PE 基金，可通过 FOF 的形式实现间接持有。

DAY 8

股票与期货的万花筒

¥ · € · $

我可以买股票吗?

我可以买股票吗?很多投资者会有这样的疑问。其实就在十几年前,整个资产管理行业在中国都还处于萌芽阶段,基金、银行理财产品、信托等理财产品都尚未普及,人们理财的工具基本上只有银行存款、国债和股票。存款和国债属于固定收益类产品,股票几乎成为广大投资者能参与的唯一的高预期收益类产品。

而今，股票市场的机构投资者不断增加，相比散户，机构投资者具有资金量大、专业化、信息获取更全面、风控手段更严格等优势，成为股票市场的主力，而个人投资者在股市的资金比例也不断萎缩。这一规律与美国股市投资者结构的变化历程完全相同。1950 年的美国股市，散户的资金超过 90%。随着市场的发展，养老金、共同基金、保险等各类机构资金不断壮大，美国市场出现了明显的“去散户化”趋势。2005 年美国股市的散户资金占比已经低于 30%，2015 年这一比例进一步下降至 20% 左右。

如图 8–1，从我国 2015 年的股市投资者构成情况看，一般性法人持有流通股市值为 20.6 万亿元，个人投资者持有 16.3 万亿元，机构投资者持有 6.1 万亿元，外资持有 0.6 万亿元。个人投资者的持股占比为 37.4%，而这一数字在 10 年前为 48.3%。

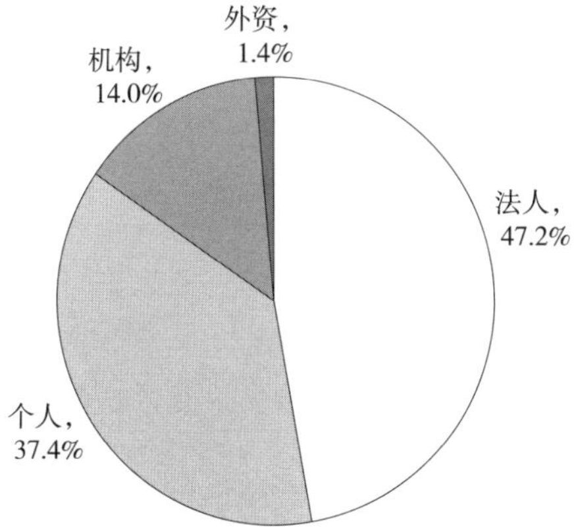

图 8–1　2015 年中国股市各类投资者持股比例

无论是美国还是中国，个人投资者占比减少的主要原因是专业资产管理机构的出现，给个人投资者提供了新的投资选择，当专业机构的优势开始显现时，把钱交给专业的人去做股票投资变成了一种更理性的选择。而且，随着机构投资者占比的增加，个人投资者发现直接投资股票越来越难以赚到钱，也会加剧这一趋势。就像 20 世纪 80 年代我国相对富裕的家庭通常都会有一台缝纫机自己做衣服，然而随着工业化时代制衣的普及，缝纫机很快就彻底从家庭中消失了，因为直接买的成衣不仅便宜，款式和舒适度也更具优势。这也是亚当·斯密在《国富论》中提出的劳动分工对提高劳动生产率和增进国民财富所产生的巨大作用。

那么回到最初的问题，我可以买股票吗？当然是可以的。自己直接投资股票可以省去委托专业机构投资所要支付的管理费和手续费，更可以完全自主决定自己的投资。但直接投资股票之前，应当对股票相对于其他理财工具的不同之处有一个清晰的认识。主要包括以下四点：

直接参与

投资股票是直接参与资本市场的，不像基金、银行理财产品、信托等，会由专业的资产管理人接受投资者的委托开展投资。

价格波动大

股票价格的波动非常大，一方面会带来高风险，另一方面也会带来高收益。基金等间接投资股票市场的理财工具通常会投资一揽子股票，能够起到分散风险的作用，但收益也会被均摊；直接持有股票的风险集中，但可能获得的收益也会很大。

永久性

银行理财产品等金融工具通常会有到期日，而股票是一种无期限的法律凭证。投资股票是不能退股的，只能在二级市场卖出。

所有权

股票本质上是一种所有权凭证，持有股票代表着投资者对股票发行公司拥有所有权，包括公司决策参与权、利润分配权、优先认股权以及剩余资产分配权等。只是普通投资者持股比例过小，基本忽略了这些权利。

其实股票投资最核心的特征就是高风险，高风险意味着损失和收益都可能比其他产品更大，而人性总是使人们更愿意相信自己会是“更幸运”的那一批人，所以人们会更关注股票的收益而不是损失。这也是股票能够不断吸引投资者入场的原因。

直接投资股票应该具备良好的心态和一定的知识。如果将股票投资作为理财的手段之一，建议将其优先程度总体顺序排在现金理财和保险之后，而且最好是在拥有房产之后，再拿出部分闲余资金进行股票投资，并控制好总额度。这样就能够保证即便在股市中遇到亏损的不利局面，也不会对生活质量造成实质性冲击。

影响股票价格的几个因素

任何市场价格的决定因素都是供求关系，股票市场也不例外。股票市场的供求双方其实就是市场的多头（买方）和空头（卖方），而决定他们买卖的动因，是对股票价格的预期。影响投资者对股票价格预期的因素主要包含以下几个：

宏观经济

股市是经济的晴雨表，牛市一般会在宏观经济整体向好时出现。当宏观经济情况良好时，企业会扩张生产，从而带动就业人数和员工工资的增加，进而会扩大消费和投资，消费会进一步推动企业销售与效益提高，而企业分红也会促进投资，推动股票价格上涨，如果能够形成良性循环，便会出现牛市行情。

具体而言，我们可以关注三个宏观经济的重要指标：GDP、CPI 和就业率。证券分析师会经常用这三个指标来预测未来股市的走向，是因为大量的数据研究表明，这三个指标和股价之间是有关联的。比如，乐观的 GDP 预期或者温和可控的 CPI 都是促进股票指数上涨的因素，而悲观的 GDP 预期、过高的 CPI 以及失业率的上升都可能引起股票指数下跌。

政策层面

货币政策、财政政策以及各个行业的相关政策，都会影响股票价格。宽松的货币政策和财政政策会推动股票指数上涨，包括央行通过公开市场操作以及再贴现释放流动性、降息、降准、减税、增加政府支出等；反之，紧缩的货币政策和财政政策会导致股票指数下跌，比如收紧流动性、加息、发行国债等。

国际市场

一方面，一个国家汇率的变动会对该国股市产生影响，本国货币升值通常会使股票价格指数上涨，反之会下降。另一方面，国际各主要股票市场会有相互影响的作用力，美国、欧洲前一日的股票市场涨跌情况与中国 A 股上证指数当日的开盘涨跌呈现强烈的正相关关系。

政治与军事

政治稳定会促进股市平稳运行；政局面临不确定性或者有战争风险时，股市就会出现下跌。所以投资股票也需要关注国家的首脑更换、军事行动、罢工等事件。

行业趋势

一个行业是否景气会对这个行业的所有股票都造成影响，行业是介于宏观经济和微观个股之间的群体因素。每一个行业都会有自身的生命周期，包括初创期、成长期、稳定期、衰退期。认清一个行业所处的周期对于股票投资至关重要，成长期是理想的建仓期，而从稳定期转向衰退期时是卖出股票的时机。

公司经营

发行股票的公司的经营情况，是决定个股价格的微观因素，也是核心因素之一。其财务状况、综合品牌、市场地位、产品竞争力、经营管理情况、科技研发实力等因素，都会对股价产生深刻的影响。个股的情况可以通过上市公司财务报告以及证券公司对个股的分析报告获得。

两种主流的个股选股方法

个人投资股票时，如何选股是个技术活儿。目前在包括公募基金、证券公司等专业的投资机构中，广泛应用着两种主流的选股方法："自上而下"以及"自下而上"。

· 划重点 ·

影响股票价格的因素：

- 宏观经济情况的好坏与股票市场价格指数的涨跌，通常呈现正相关关系。
- 宽松的货币政策和财政政策推动股票市场价格指数上涨，反之将导致下跌。
- 国际股票市场的变动与国内股票市场指数开盘走势，通常呈现正相关关系。
- 政局稳定则股票市场平稳运行，反之将导致下跌。
- 行业是否景气与该行业的股票价格呈现正相关关系。
- 股票发行公司的情况是否良好与个股股价呈现正相关关系。

“自上而下”的选股方式

“自上而下”的选股方法就是由宏观至微观，按照从整体经济到行业最后到个股的顺序选出适合投资的股票。首先要考察宏观经济层面，分析影响资本市场的各种因素，包括预测宏观经济形势、资金状况、利率、汇率、国际形势、投资、进出口、消费、税收等要素的走向是否有利于股票投资，以此来确定是增加仓位还是减少仓位。如果宏观层面不利于投资，则要坚持轻仓策略，即便有表现很好的个股也不轻易进行买入操作；如果宏观层面有利于投资，则进行行业的判断与选择。

按照各行业的特征以及发展阶段的不同，股票可以分为成长型、周期型、稳定型和资源型。通过对各行业进行详细调研与考察后，结合行业的发展前景、相关政策、收益状况以及未来风险等因素确定是否值得投资，并确定值得投资的行业以及相应的投资比例。通常顶级的企业多诞生于大行业，比如地产、金融、汽车、医药等，如果不知道哪些是大行业，可以看这个行业的产出在 GDP 中的占比，通常占比超过 1% 的就属于较大规模的行业。

最后，从选定的行业中，结合各个公司的个体情况选出适合投资的股票。可以是一只股票，也可以是多只股票。

举一个采用“自上而下”选股策略的例子。当前经济形势较好，央行采取了比较宽松的货币政策，消费得到较大的刺激。通过行业判断，我们认为消费行业中的白酒细分行业可能会有趋势性的机会，经过分析后将白酒行业的配置比例确定为 20%。在确定白酒行业后，进一步选出了贵州茅台和五粮液，再按照适合的价格逐步买入建仓即可。

“自下而上”的选股方式

“自下而上”的选股方法则是由微观的某一只股票或者上市公司入手，只要发现好的个股或者公司，就果断买入，并且坚持中长期持有。“自下而上”的选股方法往往不注重宏观经济层面的状况以及股票市场的趋势、股票所在行业的趋势，而是注重分析上市公司的市盈率、毛利率、净资产收益率等指标，以及公司的产品竞争力、业务模式、发展前景等因素，直接选出有投资价值的个股。一旦确定了优质个股，就可以买入并持有，在构建出自己的股票池之后，再根据市场情况等因素逐步选择加仓还是减持或剔除，驱劣留良，最终构建出自己的整体组合。

通过“自下而上”选股方法选出的股票可能会五花八门，风格迥异。但只要是好的个股，无论是成长股还是价值股，都可以成为持有对象。被誉为股神的巴菲特就是采用的“自下而上”的选股策略，坚持价值投资，并把这种策略运用到极致。表 8–1 列示了“自上而下”和“自下而上”两种选股方法的对比。

表 8–1　两种选股模式的优劣势对比

	自上而下	自下而上
优势	• 符合经济总体规律与逻辑，成功率高 • 由宏观至微观逐步判断，操作性强 • 从整体和行业出发，有利于挖掘出一揽子优质股票，避免个股风险	• 由个股切入，操作简单，易于上手 • 不需要过多研究宏观经济和行业，门槛较低 • 聚焦个股，有利于快速决策、捕捉机会
劣势	• 需要一定的经济学与各行业知识功底，门槛较高 • 需要遵守严格的流程和模型进行选股	• 随意性较大，缺乏系统性与固定模式 • 偶然性强，对于过往成功的选股经验难以进行复制

五组实用的操作技巧

机构投资者在进行股票投资时，会严格遵守纪律，比如基金合同的约定或者公司的业务流程。而个人投资者在投资股票时会有更大的随意性，容易造成追涨杀跌，在反复的交易中错失机会。人性贪婪与恐惧是股票投资的两大敌人，想克服它们，可以给自己制定一些纪律，或者说使用一些股票投资的操作技巧。

分批买卖

分批买卖是一项基本的操作技巧，不仅可以应用在股票投资上，也可以应用在基金投资中。操作方法很简单，在投资一只股票时，不要把全部资金一次性买入，而是采用多次买入的方法逐步完成建仓。分批建仓的好处是可以摊薄建仓成本，有效防止一次性买入后被套牢。

在卖出时同样可以分批卖出，可以防止半路下车，一卖就涨的情况。分批买卖的技巧可以对股票建立一个线性的动态管理，而不是单纯在买和卖两个时点做一次性动作。

设定止盈线和止损线

对于绝大多数的理财产品，投资者通常都会有收益预期，比如固收类银行理财产品，通常年化收益率在 4%~5%，而股票基金也会有历史业绩作为参考。但是投资者在投资股票时大多是没有确定的预期收益的，也就是说在买入这只股票的时候，并没有想好当达到多少收益或满足什么条件时卖出，当股票价格上涨时，总会抱有更高的期望，不但不会卖出，反而会追加投资，当出现负面影响或者主力资金退出时，就被“割了韭菜”。

投资者通过设置止盈线和止损线，可以更好地管理自己的投资。比如，将止损线设定在 –20%，将止盈线设定在 30%，并且设定当盈利超过 15% 时不再追加仓位。如此一来，可以锁定两成的最大损失，当股票价格上涨时，每涨 5% 可判断一次是否追加资金，但涨幅超过 15% 时不再追加，可以防止追高过程中仓位过重。当盈利达到 30% 时便果断卖出，将资金回收并投入其他股票或等待投资机会。

关注成交量

股票的价格是决定投资是否盈利的因素，但真正反映股票供求关系的指标是股票的成交量。从成交量的大小可以判断出个股及大盘的交易活跃度，如果股票价格上升伴随着成交量的放大，则说明股票的多头攻势凶猛，买入需求旺盛，后市看好；而没有成交量支持的股票价格上升可能是个别多头的零星买入，并不能代表市场的趋势。反之亦然。对于大盘也是一样的，量价齐升是牛市来临的一大特征，没有成交量支持的指数上涨往往难以持久。

多看少动

过于频繁的交易常常会使投资者“踩不到点上”，还时常会有“刚买就跌”“刚卖就涨”的情况发生。越是新进入股市的投资者，越容易犯频繁交易的错误。人们的情绪会随着股价的起伏时而乐观、时而悲观，由情绪化带动的交易很容易使投资者迷失在股市中，进而使得股票投资更像在赌场中押注。且不说买卖本身的盈亏，光是频繁交易本身产生的手续费，就是一笔不小的开销。

经验丰富的投资者会给自己制定一套交易规则，并按照交易规则执行操作。在股票价格发生变动时，不要急于进行买卖，而是弄清楚股票价格涨跌背后的原因，是受整个大盘或者行业的影响，还是公司本身出现了异动。找到原因，进行趋势判断，再做买卖的决策。

克服贪婪与恐惧，敢于逆势而行

在诸多股票操作的技巧当中，有一类技巧专注于“逆向操作”，即在股票价格大幅下跌时买入，在股票价格大幅上涨时卖出，越跌越买，越涨越卖，即典型的追跌杀涨。从模拟数据看，只要不是在单边的牛市或熊市中，这种操作就能够比追涨杀跌的操作更容易获得盈利。跌时买、涨时卖，是完全逆人性、逆市场的操作，却符合低买高卖这一最基本的投资逻辑。事实上，很多追涨盘是人性的贪婪导致的，而主力资金早已在发动涨势时就完成了建仓，追涨的资金很容易被“割韭菜”；而杀跌盘则会被恐惧的心理进一步放大，很多引发股票下跌的因素本身并没有那么大的杀伤力，却因为恐慌抛售使股价大幅下跌，在过度杀跌后就给聪明的投资者提供了低价买入的机会。

更多的技巧往往是投资者通过自己的经验不断总结和积累出来的，自己梳理的技巧通常在投资中会更加有效。股票投资其实是一个不断学习的过程，很多投资专家也是从日复一日的投资中不断总结经验和吸取教训，在经历过若干个牛熊市之后才逐渐在市场中找到了感觉。

不妨试试 ETF

股票市场的风险很高，想要在股票市场获得理想的收益，除了需要相关的知识与经验，更需要大量的精力与时间，其实并不适合上班族。上班族更适合选择基金或银行理财产品，把投资交给专业的机构去做。如果一定想自己直接参与股票投资，又不想承担太大风险，耗费太多精力，那么不妨试一试 ETF。

ETF 是 Exchange Traded Fund 的简写，即交易型开放式指数基金。ETF 大多是指数基金，本质上是构成指数成分的一揽子股票组合。投资者可以像交易股票一样在二级市场上按照市场价格买卖 ETF 的基金份额，也可以从基金管理公司申购或赎回 ETF 的基金份额，申购和赎回份额必须以一揽子股票换取基金份额或者以基金份额换回一揽子股票。由于 ETF 可在场内和场外两个市场交易，因此可能会存在 ETF 市场价格与基金单位净值之间的差价，投资者可以利用差价进行套利。这种套利机制最终会形成自动均衡，避免 ETF 出现封闭式基金的折价问题。

ETF 可以是宽基指数的 ETF，比如沪深 300 ETF、中证 800 ETF，也可以是某一行业或者某一区域的窄基指数 ETF，比如 5G ETF、AI ETF、浙江 ETF 等。无论是宽基指数 ETF 还是窄基指数 ETF，投资 ETF 都相当于买下这个指数包含的所有股票。如果投资者正在从事某一行业的工作，他会对自己行业的趋势非常了解，但又苦于没有时间研究和选择这一行业的个股，就可以投资行业 ETF 以获得这一行业的整体红利。比如金先生在电信行业做工程师，他如果看好 5G，就可以投资 5G ETF。而如果他只是选择了这个行业里表现较好的某一只股票，当这只股票出现黑天鹅事件时，例如仓库发生爆炸等安全事件，或者高管失联等，个股的股价很有可能出现暴跌。ETF可以有效避免个股风险，而分享行业红利。

期货与期货资管计划

期货是基于某一标的（可以是商品或者股指）约定在未来某一时间以某一价格进行交易的合约。农产品、金属、能源、化工等都属于商品期货，股票、债券属于金融期货。期货交易像股票交易一样，投资者可以通过期货公司下单投资，在期货市场进行交易。但是投资期货风险比较大，尤其是股指期货，设有50万元的参与门槛。

期货可以对冲掉未来价格波动的不确定性，锁定一个确定的价格，比如一家饮料生产企业在3个月后需要2吨苹果和200公斤白糖，就可以通过够买苹果和白糖的期货合约在当前就锁定3个月后的交易价格，避免在此期间苹果和白糖的价格波动。

期货市场的每一个标的背后都有一个行业，因此期货投资也是一个非常专业的领域。通常能够对一个行业的商品价格规律非常了解并准确把握的投资者，适合投资期货，否则建议谨慎从事期货投资。

股指期货也是期货的一种，同时也属于金融衍生品的一种，是以某一指数（如沪深300）为标的的期货合约。投资者可以通过对指定日期（例如3个月后的交割日）的指数点位进行锁定，并在交割日当天的指数点位为结果进行差价结算。

如果非常想参与期货投资，但对期货市场却没有充分的了解，或者没有时间进行深入的研究，你可以考虑通过期货公司资产管理计划（简称期货资管计划）间接投资期货市场。期货资管计划其实也是一种私募基金，由具备资产管理条件的期货公司发行和管理，一对多期货资管计划的参与门槛是100万元，可以投资于期货市场和证券市场。

需要提醒的是，由于期货资管计划于2012年刚刚起步，到2020年年初总规模还只有大约1 500亿元，与其他资管产品无法相提并论。而且目前大多数期货资管计划的主要仓位并不在期货市场，而是配置到了权益类资产当中，甚至有些期货公司直接和基金公司合作发行基金一对多产品，成为纯粹的二级市场股票投资。不过也有部分产品会有一定仓位进行期货投资，在投资时你应了解清楚产品的投向。

DAY 8 精进知识回顾

在理财精进的第8天，我们探讨了股票与期货投资。股票市场是个万花筒，承载着无数投资者的五味杂陈与人间百态。由于股票和期货这两类投资工具的风险较高，而且参与投资除了需要一定的专业知识与操作经验，还需要占用时间与精力，因此不建议工作已经比较忙碌的上班族直接参与股票与期货市场。

随着专业机构投资者的不断增加，个人投资者在股票市场中的占比也在不断下降，这是专业化分工的一种体现。如果个人投资者希望获得权益类资产投资的更高预期收益，可以通过权益类基金和资产管理计划等产品间接参与股票与期货市场，由专业的投资管理人来完成具体的投资操作；或者通过投资 ETF 获取整个市场或者一个行业的增长红利，避免个股风险。

如果个人投资者想尝试自行参与股票市场投资，建议控制总的投资额度或比例，掌握一些相关的知识并为自己设定一些投资的规则。

股票价格会受到很多因素的影响，包括宏观经济、相关政策、国际市场、政治军事、行业趋势以及公司经营等，其关系表现为：

1. 宏观经济情况的好坏与股票市场价格指数的涨跌，通常呈现正相关关系。

2. 宽松的货币政策和财政政策推动股票市场价格指数上涨，反之将导致下跌。

3. 国际股票市场的变动与国内股票市场指数开盘走势，通常呈现正相关关系。

4. 政局稳定则股票市场平稳运行，反之将导致下跌。

5. 行业是否景气与该行业的股票价格，呈现正相关关系。

6. 股票发行公司的情况是否良好与个股股价，呈现正相关关系。

股票投资有“自上而下”和“自下而上”两种选股策略，在投资时也可以采用一些操作技巧，比如分批买卖、设定止盈线和止损线、关注成交量的变化情况、多看少动、逆向操作等，投资者可根据自身情况在实操时进行选择。

DAY 9

房产投资的取经之路

¥ · € · $

为买房而理财还是为理财而炒房?

很多人理财的终极目标就是为了买房子，但不可思议的是，也有很多人通过买房子达成了理财的目的。在 1998—2018 年，通过投资房产能实现远远超越股票、基金等理财工具的收益。所以到底是为买房而理财，还是为理财而炒房呢？

房子本身的价值在于居住，但同时又可交易，由于土地资源的稀缺性，导致房屋成为一种非常特殊的商品。买房在财富管理这个课题中，是永远无法回避的话题。在现实中有太多人因为在买房这件事上的决策不同，导致个人或家庭财富出现了巨大的差距。所以要想真正做好财富管理，在买房这事儿上是含糊不得的。

在探索买房与理财的相关问题之前，首先有三个概念要厘清，否则在买房这件事情上就可能出现方向性的分歧。

第一，靠买房实现财富跨越式增长的时代已经过去。

1998 年，随着《国务院关于进一步深化城镇住房制度改革加快住房建设的通知》（国发〔1998〕23 号）的出台，中国的房地产进入全面市场化。此后出现了中国房地产的黄金 20 年。但我们可以看一下这 20 年购房人资金来源的情况。在 1998—2008 年第一个 10 年里，推动房价快速上涨的是中国人长期以来积聚的财富；而在 2008—2018 年第二个 10 年里，推动房价继续快速上涨的是信贷，在这个 10 年，大多数买房的人都透支了未来 20~30 年的购买力。那么推动下一个房价黄金 10 年的驱动力在哪里呢？目前我们似乎还没有看到。

任泽平先生曾提出房地产市场“短期看金融、中期看土地、长期看人口”的观点，这一观点是符合市场逻辑的。住房刚需一直都存在，几乎人人都有购房或者改善的需求，但真正决定人们是否买房的因素，并不是他的需求有多强烈，而是他是否负担得起自身的需求——房子的价格。价格由供求关系决定，而供求关系最后也会落在金融、土地和人口这三个因素上。

在这三个因素中，金融是可变资源，政府和央行会随着经济发展的需要而调整财政与货币政策。但是无论金融怎么变，当前的住房抵押贷款都已经达到了一个较高的水平。普通购房者对于贷款的承受能力是有临界值的，通常一个人的月供不应超过月收入的一半，因此从信贷上很难再复制一次 2008—2018 年的房地产盛况。

土地是不可再生资源，具有稀缺性。针对房价而言的土地主要指的是土地供应量。土地因素决定了不同房屋之间的价格差距会不断加大，可能表现在不同城市之间的价格分化，以及同一城市不同地段之间的价格分化。好城市，尤其是好地段的土地基本已经都被开发了，如果想继续在好的地理位置释放新的土地，就要拆迁旧房屋，这样做的成本极高。所以好城市、好地段的房子仍可能有升值的空间。

人口则是决定房价在长期不会出现快速上涨的关键因素。从人口出生数据可以看出我国的人口红利优势正在快速消失，即便已经逐步放宽了计划生育政策，仍然不能阻挡老龄化发展的步伐。城市家庭正在向着 4–2–1 和 4–2–2 结构（即四个老人、夫妻两人、育有一到两个孩子）发展，相当一部分城市家庭的老人（第一代）都有独立住房，如果父母（第二代）也有独立住房，那么在若干年后，随着老人离世，房子会聚集至子女（第三代）的名下，就会形成孩子在工作之前就能获得多套住房，与 1998—2018 年人们耗尽毕生积蓄买房或透支未来 20~30 年的收入贷款买房形成鲜明的反差，供求关系反向发展。

金融的可变性导致房价短期面临不确定性，土地紧缺意味着中期好城市、好地段的房屋仍有上涨空间，人口下降将在长期导致空房率上升进而使供求关系反转。总体看来，虽然土地的稀缺性可能会使特定地区的房屋还有上涨的空间，但房地产高速发展的黄金时代可能已经过去，投资者不应再将实现财富快速增长的梦想寄托在房地产投资上。

第二，为了买房而努力理财的时代还将长期存在。

既然长期看，房地产高速发展的黄金时代可能已经过去，甚至未来很多城市居民手中会有多套老人留下的房产，人们是不是就不需要再买房子了？或者未来的房子是不是遍地白菜价，不必再努力理财多年才能买到一套心仪的房子了？其实并不是。这里要考虑房屋的数量和质量。

好房子永远都供不应求，人们在改善居住条件这件事上的追求是永无止境的。虽然人口下降将在长期导致人均房屋数量增加，但同时未来人们对住房的要求也会更高。人们需要更大的人均面积、更合理的房屋结构、更充足的阳光、独立的卫生间、更宽敞的阳台、更好的社区环境、更便利的交通等，很多老房子并不具备这些要素，甚至连基本的设施（比如电梯和车位）都难以保障。因此未来会形成房屋的低端供给和高端需求的不匹配，也就是房屋的数量和质量的不匹配，房子数量很多，但高质量的房子却很稀缺。这种情况会加剧房屋价格的两极分化，人们想要住上更好的房子，仍然需要努力积累财富。

第三，好的房子未来依然具有投资价值。

房子的交易价值在很大程度上是由其使用价值决定的，因此未来的房屋会呈现价格两极分化，符合人们需求的高质量的房子会持续稀缺，而老旧的低质量的房子将形成积压。在刘易斯拐点[①]

① 刘易斯拐点是诺贝尔经济学奖获得者威廉·阿瑟·刘易斯（W. Arthur Lewis）提出的模型，即在工业化进程中，随着农村富余劳动力向工业部门（可理解为一、二线城市）逐步转移，农村富余劳动力逐渐减少，最终达到瓶颈，出现人口流动的拐点。在刘易斯拐点到来之前，人口会持续由农村向城市聚集。

到来之前，在一、二线城市持有高质量的房子，依然可以从租金收入和房屋交易获得投资回报。

当然，即便是优质的房屋，其投资回报率也会趋向于温和升值，几乎不可能再获得像1998—2018年黄金20年那样的急速升值。至于中国一线城市是否会出现日本以东京为首的1991年房价大崩盘，相信有了日本的前车之鉴，只要措施得当，大概率是可以避免重蹈覆辙的。

房产投资的再思考

在拥有一套自住房产的基础上，通过投资第二套甚至多套房产以获取增值，同时享有租金收入，这是不少人理想中的房产投资状态。投资房产是否真的能够实现保值增值？依靠出租租金是否能够收回投资款？什么财务状况下做房产投资更妥当？房产投资还有哪些风险？这些都是在进行房产投资前应当先思考周全的问题。

首先，房产投资与证券资产相比较，有几个显著的风险点需要注意：

- 流动性差。房产的流动性相比证券资产低很多，交易周期较长，通常需要数月，且手续比较繁杂。因此，房产很难作为应急资产变现。
- 价格受政策影响较大。房产的价格波动受到各类政策的影响较大，包括土地政策、限购政策、税收政策、货币政策、学区政策等。

- 持有成本高。持有房产需要缴纳物业费、供暖费（北方）等固定费用。
- 税务成本高。在房产变现交易时，需要缴纳个人所得税、营业税等税费。

但与证券类资产相比，房产也有几个明显的优势：

- 持有期可出租。房产出租可形成长期稳定的收益，是房产投资的主要收益来源之一。
- 房屋本身具有使用价值。房产的使用价值与价格是分离的，价格波动并不影响其实际使用价值，房产可以用于居住，而证券资产的价值与价格基本统一。
- 房产附属有土地价值。房产本身附带了土地使用权，土地属于不可再生资源，在房屋遇到拆迁等情况时可能获得可观的补偿款。

在进行投资房产的决策时，应综合以上利弊进行判断。另外还有两个指标，也是房产投资时的重要参考依据。第一个指标是房屋的价租比。价租比是购房价格与出租房屋一年的租金价格的比，这一数据能够反映出在不考虑资金时间价值的情况下，按照当前房屋租金，通过租房多少年可收回购房本金。

价租比 = 购房价格 / 房屋年租金价格

例如金先生花费 300 万元购入一套房产，将房屋出租，年租金为 6 万元，则该房产的价租比为 50，即按照当前价格需要出租 50 年能够收回购房款。价租比越小，通过房租收回购房款的速度越快。通常一、二线城市核心地段房产的价租比更高。

第二个指标是城市和小区的二手房交易的情况。二手房交易是否活跃直接关系到房产的变现难度，二手房交易越活跃的城市和小区，房产越容易变现，价格相对也会更稳定。查看二手房交易量可以关注房产交易中心数据，也可以通过各大二手房网站或当地房地产中介查询。其实看一个区域的房产交易是否活跃，可以直接看区域附近的二手房中介公司的多少，中介公司越多，则交易越活跃。通常越大型的小区，二手房交易越活跃。

·划重点·

投资房产应关注两个指标：

- 关注房屋的价租比，即购房价格与出租房屋一年的租金价格的比，价租比越小，通过房租收回购房款的速度越快。通常一、二线城市核心地段房产的价租比更高。
- 关注城市和小区的二手房交易量，二手房交易越活跃的城市和小区，房产越容易变现，价格相对也会更稳定。通常越大型的小区，二手房交易越活跃。

最后需要明确的一点是，房产投资不能替代传统的理财投资，不能因为过度追求房产而牺牲流动性，否则一旦遇到急需现金的突发情况，将使自己或家庭陷入困境。通常房产投资是要在具有一定理财资金的基础上，再考虑房产投资，而且房产投资如果涉及抵押贷款，无论几套房产，每月合计需偿还的月供额度都不应高于月收入的一半。

什么样的房子值得投资？

什么样的房子值得投资？这个问题其实和什么样的房子值得买是一样的。只有使用价值高的房子，才有人愿意出更多的钱来租和买，有人租、有人买的房子才有投资价值。综合看，房子的价值与四个因素密切相关：地理位置、房屋硬件、小区环境以及配套设施。

地理位置

地理位置充分反映了土地的稀缺性这一特殊的属性。房子所在的城市以及房子所在城市的区域都是决定房价的重要因素。那什么城市的房子值得投资呢？在交通并不便利的时代，人口的流动是受限的，往往会由村镇至县城，由县城至省会。但在交通高度发达的今天，由于越大的城市用工需求越大而且薪酬越高，人们可以从农村直接到一、二线城市或者直接到国际一线大都市务工。因此，从人口聚集的角度，一线城市的房价会显著高于二、三线城市，而四、五线城镇的房价会越来越难以获得上涨空间。如果到达刘易斯拐点，一线城市饱和，人口有可能开始回流，那么最先流向的会是二、三线城市，但很难惠及四、五线城镇。所以选城市要参考人口流动情况，如果人口持续向一线城市流动，则一线城市房产会更具投资价值；如果到达刘易斯拐点，或者一线城市房价及生活成本过高，人口可能流向二、三线城市，在人口从一线城市向二、三线城市流动的趋势初期，二、三线城市可能也具有投资价值。四、五线城镇的房子可作为居住用，但不建议投资。

房子所在城市的区域是另一个关于地理位置的关键因素。房子的位置直接影响着居民的通勤时间。每天往返挤两小时地铁和步行 15 分钟上班，这两种状态在生活质量上的差距是非常显著的。也因此城市的房价与地段高度相关，例如北京的房价从二环到六环呈现出明显的阶梯下降趋势。不过地处市中心的房产未必就具有最高的投资价值，一是这些地方的价格已经很高，上升空间有限；二是部分地处商务区的住宅未必真的适合居住；三是未来 soho 办公[①] 有可能成为新趋势，也会削弱对市中心房产的需求；四是市中心的房子通常以老旧房屋居多，并不满足人们新的居住需求。通常，与市中心距离适中的区域往往更具投资性价比，例如北京的三环至五环之间，被认为是最适于居住的区域。

房屋硬件

房屋硬件就是房子自身的状况，也就是人们常说的户型等因素，包括房屋结构、主体朝向、所在楼层、动静分区以及功能

① Soho 办公即居家远程办公。

细节。

房屋结构是房屋硬件的基础，越新建成的房子，房屋建筑结构通常会越好。总体上，楼房的结构由以前的筒子楼，演变到塔楼，再到比较理想的高层板楼，以及更宜居的花园洋房。高层板楼和花园洋房的居住体验明显好于前两者。

主体朝向决定了房子的采光和通风。最理想的朝向是南北通透的户型，非常有利于通风，冬暖夏凉，居住起来也很舒适。如果不能做到南北通透，那么南向、东南向的房子因阳光充足会更受欢迎，而北向、西北向的房子会不太受欢迎，要么阴冷不见阳光，要么西晒严重。

房屋所在楼层也是房子质量的重要因素之一。视野开阔、阳光不受临近高层楼房的遮挡是选择楼层的重要考量因素，通常楼层越高，视野越开阔。但是选楼层也要注意考虑居住成员的情况，比如家里有老人居住的话，就不宜选择层数太高的楼房。需要注意的是，较低的楼层有可能被植物遮挡阳光，8~11 层被广泛认为是灰尘较多的区域，楼房的顶层有可能会面临漏雨或温度偏高等问题。

动静分区是好户型的新标准之一，老式的房子并不会太注意房子的动静格局划分与居住者的活动流向，新房子会将客厅、厨房、餐厅等活动区与卧室、书房等休息区进行分离，避免家庭成员互相影响。

功能细节主要体现在厨房和卫生间以及阳台等功能性较强的房间的设计细节，包括是否是明厨明卫，面积是否够大，位置是否合理，是否干湿分离，阳台采光好不好等。

小区环境

小区环境包括小区规模、噪声情况、居民素质、物业情况、绿化情况、车辆管理等方面。小区规模其实对于居住者影响不大，有的人偏爱规模小一些的小区，有的人则喜欢热闹一些的。但从交易的角度，规模大的小区交易量大，租售价格均会更稳定。小区附近没有噪声，没有污染源，没有大型工厂，居民综合素质较高，物业管理规范，绿化率高，车位充足且人车分流，这些都是宜居小区的必备条件。中国的风水讲究日动夜静、阴阳调和，临近高速公路或机场的房子显然违背了这一原则，而临近学校的房子则完全符合这一原则。

配套设施

与房价关联度最高的配套设施要属学区和交通两项。由于现在的人们越来越重视子女教育，所以学区几乎成为房产最强的一项附加价值，房子能够配套一个好的学区，几乎可以忽略以上所有其他条件而照样卖出一个较高的价格。交通直接关系到居民的通勤与出行，因此地铁周边或者交通便利的房子通常价格会更高。除了学区和交通之外，房子周边的医院和超市等资源也会被考虑，但并不显著影响房子价格。

三类最受欢迎的房子

人们在购买自住房产和投资房产时的决策思路往往是不同的。对于自住房产，购房者在各种细节问题上的考虑会更加细致，决策时更注重房子的实用性；而对于投资房产，价格因素就显得非常重要，总价更低的房子更容易被作为投资房产，而实用因素往往容易被忽略。这种情况也导致很多郊区的新房子入住率极低，有人买没人住，也几乎没有租赁需求和二手房交易量。

其实，投资房产的价值在于有人愿意租或者有人愿意买，那么这些实际会住进来的人一定会考虑房子的实用价值。请换位思考一下，如果用于投资的房子，只是总价够低，自己能买得起，看似“增值潜力大”，但因为所在城市欠发达、所处地理位置远、户型不合理、配套不发达等因素，自己从买的时候都觉得自己根本不可能去住，那么别人会去住吗？未来又会有谁来接盘呢？所以购置投资房产一定要像购置自住房产一样精挑细选，在各方面满足居住需求，才能获得真正的增值空间。

不过，选房看房是一件非常耗费精力的事情，尤其是异地购房，更是成本很高。为方便起见，这里推荐三类在市场上最受欢迎的房子，对于这三类房子也是各房产中介看到就会眼睛放光的房子，分别对应了青年白领小户型、新婚夫妻两居室和三代同住大户型。投资房产时，可以结合自身财力情况选择相应的房产进行投资。

青年白领小户型

青年白领小户型主要针对的人群是 20~30 岁的年轻人。他们在城市独居，其核心需求是地理位置和交通便利度，由于居住者大部分时间在上班，休息时间外出活动较多，白天在房子里的时间相对较少，对房子面积、采光、朝向等要求并不高，对周边配套要求也不高，通常也不会考虑学区。此外，无论是租住还是购房，居住者大多刚刚走上工作岗位，对成本要求很苛刻，故房屋总价不能太高。由于地理位置等条件会占用较大成本，于是很多人会在房子面积上做出让步和牺牲。在房子所在城市方面，高等院校越密集的城市，这类房产需求越大，因为这类房产的主力需求者都是大学毕业生，大学生毕业后更倾向于在大学所在的城市找工作。综上，青年白领小户型的定位是高校集中的一、二线城市核心地段或交通便利地区的 35~60 平方米左右的小户型，增值点是精装修和良好的物业。

新婚夫妻两居室

新婚夫妻两居室主要针对的人群是 30 岁前后适婚年龄的年轻人，一般会是夫妻两人共同居住，同时会考虑孩子的居住空间，因此“两居室”是这类居住者需求的关键词。相比青年白领小户型，新婚夫妻两居室对房子的采光、朝向、车位、周边配套都会有更高的要求，在位置上有可能选择做一定的牺牲，但在交通上还是越便利越有利于房屋增值。此外，如果有配套的幼儿园或小学，也会成为房子的增值点。在房子所在城市方面，人口越集中的城市，对这类房产的需求越大。综上，新婚夫妻两居室的定位是人口密集的一、二线城市交通便利地区的60~100平方米左右的两居室，增值点是配套学区。

三代同住大户型

三代同住大户型针对的住户（包括租赁和购房）主要是在事业上取得一定成就、财力相对充裕并育有一两个子女的中年人群。由于工作原因，可能需要老人协助照顾子女，所以三代同住大户型的核心需求集中在教育配套和足够的居住空间，学区和面积就成为重点。由于在家生活的时间较多，这类需求会对户型结构、采光情况、房屋朝向、车位数量都提出更高的要求，而且由于老人的生活需求，对小区环境、物业管理、周边配套和医疗资源也都会有相应的要求。一般是企业越集中的城市，对这类房产的需求也会越大。由于这类房子面积较大，市中心房子单价较高，故居住者会选择牺牲对地段的要求以降低房屋总价。综上，三代同住大户型的定位是企业集中的一、二线城市中100平方米以上的三居至四居室，配有学区，具备南北通透、两个以上的卫生间、较好的采光等条件，适于三代人共同居住的房屋，增值点是优质的小区环境和物业以及配套的医疗资源。

以上三类房子是能够真正满足城市不同年龄段居民实质居住需求的房产，需求量大，价格相对稳定，更具增值潜力，变现能力更强。不符合以上三类特点的房子，投资时就需要三思了。

千万不能贪图便宜而选择并不符合居民实质居住需求的房产。例如花 60 万元在三、四线城市购置一套 100 平方米左右的房产作为投资，就未必会有增值空间，因为三、四线城市的人口可能是处于流出状态的，新楼盘的空置率很高。同样的总价，不如在二线城市购置一套青年白领小户型，可能获得的增值空间更大，也更容易出租。

房产投资应该避开的“坑”

在房地产火爆的日子里，相信很多人都见识过各种各样的传单和广告，“商住两用”“豪华别墅”“临街旺铺”“交通枢纽”“距 CBD 仅 25 分钟”“低投资、高回报”，类似的广告语高频出现，这些房子能买吗？其实无论在任何时候，真正好的房子都不愁卖，甚至要排卡或摇号购买，而很多千方百计通过各种广告传单出售的房子，可能隐藏了许多“坑”。

“商住两用”值得投资吗？

按照土地性质，房屋所占土地分为住宅用地和商业用地。住宅用地的产权是 70 年，商业用地的产权是 40 年。因此产权时间较短的商业用地的拿地成本自然会低一些，所盖的房子自然也就便宜一些。此外，住宅用地与商业用地的水电费标准是不同的，商业用地的各项费用比住宅用地高出很多，而且商业用地是无法办理户口的，也无法享受相应的学区政策。由于住宅类房地产市场火爆，一些开发商“打擦边球”，将商业用地的建筑按照住宅需求来开发，并打出“商住两用”的口号进行销售，总价自然能比同地段的住宅低很多。但因为产权短、无法落户、水电费高等原因，商业用地的房子建成住宅是没有太大的投资价值的，几乎没有二手房的交易，最后只能自住或者出租。

别墅值得投资吗?

别墅，自住可以考虑，但投资不用考虑。别墅是很多人梦寐以求的理想居住形态，现实中却有诸多问题。别墅通常大多位于城郊，距离市中心较远，对于需要通勤的人而言并不是理想的选择。市中心的别墅也不是没有，但一线城市市中心别墅的价格通常不会低于 9 位数。别墅的养护成本极高，通常一套 300 平方米左右的小别墅，装修动辄几百万起，装修款就够买一套普通的房子。北方的别墅大多是自供暖，要想让整座别墅暖和起来，每天的供暖费基本也是上百元，一个冬天至少上万元。别墅还有卫生成本高、安全隐患、配套资源跟不上等一系列问题，导致很多富人感叹别墅是给保姆和猫买的。当然，如果资产足够负担别墅，那么以上问题就都不是问题了。只是从投资的角度而言，别墅很少有人租，交易也极为低迷，因此别墅并不适合投资。

商铺值得投资吗？

商铺在早期曾显现过较好的投资价值，甚至有“一铺养三代”的说法，但经过几轮热炒后，商铺的价格已经越来越高，加之电子商务的发展，线上购物逐渐挤占线下购物的市场份额，商铺出租也逐渐遇冷。目前商铺投资有两个显著的问题：一是商铺过度开发，供给充足但难以出租；二是商铺变现难度很大，流动性极差。因此目前商铺的投资价值已大不如前，投资商铺建议持谨慎态度。

机场和高铁站附近的房子值得投资吗？

机场和高铁站附近的房子主要利用了交通便利这一概念，但实际居住属性不强。大多机场和高铁站并不会建在市中心，尤其是机场，一般会在远郊。看似交通便利，其实只是前往别的城市更便利，本市的交通反而不够便利，而且配套设施普遍难以与市区相比。机场和高铁还有比较显著的噪声问题，对于住宅而言是非常忌讳的。而且交通枢纽附近人员流动大，比较嘈杂混乱，非常不适合老人和孩子居住。因此机场和高铁站附近的房子投资价值并不大。

郊区的房子值得投资吗？

郊区的房子一般价格会比市中心的低不少，但各种配套资源比较落后。如果交通比较发达，未来对于该地区有比较好的商业开发规划，则有一定投资价值。例如一、二线城市的地铁或轻轨沿线，虽然是郊区，如果通勤方便，仍然会有人愿意居住。但千万不要相信所谓的“距 CBD 仅 25 分钟”这种广告词，一般指的是夜里 3 点钟开跑车到达 CBD 的时间，在上下班高峰用手机地图 App 测算一下交通所需时间，一般就都会让你马上放弃投资念头了。

梦寐以求的海边度假房

在忙碌的工作之余，到风景宜人的海边享受阳光是一件惬意的事。很多旅游城市都开发了商品房和别墅项目，游客常常会被吸引，在这样一个气候宜人的地方拥有一套住宅，每年带家人来度假，是多么美好的事情呢！

其实这美好的愿景也成为不少人现实的噩梦。度假本来是追求

新鲜感的一件事，由于在度假城市购置了房产，这时度假反而变成了一种“义务”。由于房子买了也需要维护，每年的假期便成了到另一个城市缴费和大扫除的固定动作，不去还不行。万一遇到台风等自然灾害或者邻居漏水、房屋修缮等事宜，也许还得坐飞机去处理，耗费大量精力与财力。忍无可忍终于想把房子卖掉时，发现旅游城市的特点是，新房容易卖，但二手房市场欠发达，难以脱手。如果出租呢，旅游城市多以短租为主，租一两个月都算长的，而且只有旅游旺季才会有需求，算下来租金还不够买机票飞来飞去折腾的。

如果想在旅游城市置业，一定要避免头脑发热，应该仔细梳理自己的需求，再算一笔账。如果自己买房的需求是度假，那么不妨计算一下，花费60万元自购一套度假房，按未来30年每年往返一趟计算，平均每年的花费是2万元。这还没算物业费、水电费等开销，也不计算资金的时间价值，而且机票成本需要另计。每年2万元（不含机票），足够一家三口到任何一个热门旅游城市住两周五星级酒店，而且每次度假的地点都可以不同。对比一下，30年后，是把一套难以出售的老房子留给孩子好呢，还是带给孩子30年30个不同国家或地区美好的度假经历更好呢？

不过，海南省等诸多宜居地区的房子作为养老用途还是值得考虑的。如果配套设施较好，在财力足够的前提下，为自己的退休生活储备一套养老房产，确实是一个不错的选择。已经有不少北方的老年人选择在南方城市过冬，过着候鸟一般的生活，确实也获得了不错的体验。

五个指标判断车位投资价值

在不动产投资中，车位也是广受关注的一类对象。与房产一样，车位在持有期间也具有可出租的特性，同时也可出售。如果是同一个楼盘，车位与房产相比具有投入总价少、收益更稳定的特点，如果车位稀缺的话，车位的租金和车位售价都可能上涨，涨幅在多数情况下是超越房价本身涨幅的。

当然，也有一些小区的车位并不值得投资。判断车位是否具有投资价值，其实最简单的办法是到小区去转一转，看看车位的使用情况。如果车满为患，晚上甚至出现车辆无处可停的情况，那么车位就有投资价值。但是，很多车位在开盘之前，大多还没有对业主开放，也就无法采用实地考察车位的方法来判断。这时候可以参考以下五个指标。

第一个指标是车位所在小区的房屋入住率。车位通常会在房子开盘销售后的1~2年开盘，很多开发商如果现金流不紧张的话，会在业主入住一段时间之后再销售车位，通常可以获得更好的价格。所以在车位开盘时，业主通常已经入住小区。小区的入住率可以从房屋中介了解到，或者可以在晚上看一下小区灯光的情况。入住率越高的小区，车位需求越大，车位越具有投资价值。

第二个指标是车位配比。车位配比通常用1∶X表示，表示1套房配X个车位。比如1∶2就是1套房配有2个车位，车位是比较充足的；而1∶0.75就是1套房配有0.75个车位，车位是比较紧张的。车位配比可以从开发商处获取，配比越低，越值得购买。对于成熟社区而言，车位配比在1∶1.2以下，车位就比较具有投资价值。

第三个指标是看车位是否有产权。有产权的车位受到法律的保护，出租和出售更有保障，也更具投资价值。

第四个指标是小区的房屋出租率。房屋出租率越低，业主对车位的需求越大。房屋的出租率也可以从中介机构了解到。通常出租率低于 30%，车位的投资价值就比较显著。

第五个指标是小区的主力户型。主力户型越大，对车位的需求越大。通常对于一线城市，三居室以上户型的业主基本都有 1~2 辆汽车。通常主力户型在 110 平方米以上的，车位更具投资价值。

·划重点·

判断车位是否具有投资价值有五个指标，如果满足其中三个，即具有较好的投资价值：

- 小区房屋入住率超过 75%。
- 车位配比在 1∶1.2 以下。
- 车位有独立产权。
- 小区房屋出租率低于 30%。
- 主力户型在 110 平方米以上。

DAY 9　精进知识回顾

在理财精进的第 9 天，我们探讨了房产投资的相关话题。房产投资与证券资产投资相比较，有流动性比较差，交易周期长，价格受政策影响较大，持有成本、税务成本较高，变现较难等缺陷；但也具有几个优势，包括持有期间可出租、本身具有使用价值，以及有可能因房产拆迁获得补偿款。

房产的投资应谨慎，房产投资的次序应该在传统的理财投资之后，而且不能替代传统投资，否则一旦遇到急需现金的突发情况，将使自己或家庭陷入困境。

投资房产应关注两个指标：

1. 关注房屋的价租比，即购房价格与出租房屋一年的租金价格的比。价租比越小，通过房租收回购房款的速度越快。通常一、二线城市核心地段房产的价租比更高。

2. 关注城市和小区的二手房交易量，二手房交易越活跃的城市和小区，房产越容易变现，价格相对也会更稳定。通常越大型的小区，二手房交易越活跃。

在投资房产时，要确定房子的实用性，是否有人愿意来租赁或购买，具体关注四个因素：地理位置、房屋硬件、小区环境和配套设施。**有三类房子在租赁和二手房市场上都最受欢迎：**

1. 青年白领小户型。青年白领小户型的定位是高校集中的一、二线城市核心地段或交通便利地区的 35~60 平方米左右的小户型，增值点是精装修和良好的物业。

2. 新婚夫妻两居室。新婚夫妻两居室的定位是人口密集的一、二线城市交通便利地区的 60~100 平方米左右的两居室，增值点是配套学区。

3. 三代同住大户型。三代同住大户型的定位是企业集中的一、二线城市中 100 平方米以上的三居至四居室，配有学区，具备南北通透、两个以上的卫生间、较好的采光等条件，适于三代人共同居住的房屋，增值点是优质的小区环境和物业以及配套的医疗资源。

土地属性为商业用地的房屋、商铺、机场和高铁站附件的房子、郊区的房子升值空间有限，应尽量避免投资。别墅适合自己居住但并不适合投资。海边等旅游城市可以购买养老房，选择合适的季节去居住，但并不适于上班族度假，也不适于投资。

一些小区的车位具有一定的投资价值，车位是否具有升值潜力可从五个指标来进行判断：

- 小区房屋入住率超过 75%。
- 车位配比在 1∶1.2 以下。
- 车位有独立产权。
- 小区房屋出租率低于 30%。
- 主力户型在 110 平方米以上。

如果满足其中三个条件，车位就具有较好的投资价值。

DAY 10

跨境投资
与全球配置

¥ · € · $

全球资产配置的渠道

为了分享更多国家和地区经济发展的红利，并规避个别市场风险，很多海外的共同基金都采取了全球资产配置策略，将基金资产投向多个国家和地区的资本市场。个人理财是否也可以采取全球资产配置的策略呢？当然可以，其实很多人也已经这样做了。

当收入达到一定程度时，人们会选择消费一些进口商品，享受不同的体验，获得不同的感受。人们也会选择出境旅游，领略不一样的风景，体验不一样的文化。人们还愿意到发达国家接受高等教育，开阔自己的视野，增长自己的见识。那投资呢，其实当资产到达一定量级的时候，人们也愿意投资一些海外资产，以丰富自己的资产配置。

当人们购买进口商品、出境旅游、出国留学时，都需要直接或间接用到外汇。外汇是有波动的，波动就会伴随风险。如果你一辈子都不购买进口商品、不出境旅游、不出国留学，那么可能汇率对你的影响并不大，不过一旦走出去了，就免不了和外汇打交道。举个例子，2015 年时，美元兑人民币汇率为 1∶6.25；但 1

年后汇率变成了1∶6.7。如果2015年用20万元人民币兑换了3.2万美元，那么1年后这3.2万美元就相当于21.44万元人民币。1年时间就获得了1.44万元的净收益，相当于年化收益率为7.2%。这个收益超过了绝大多数PR2~PR3级别的银行理财产品收益，基本能够达到信托产品的收益水平。但如果2015年没有兑换美元，无论是2016年出国旅游或读书，还是购买进口商品，都需要比2015年时多支付7.2%的成本。从这个角度，海外资产配置可以达到对冲汇率风险的目的。

从投资的角度，发达国家资本市场比我国股市相对成熟，从过往的情况看，通常能够提供更加稳定的回报。而且，当一个国家经济出现问题时，资本市场的表现也会低迷，这时候如果能够将资产在各国之间进行配置，就能对冲某个国家的系统性风险。

出于对冲汇率风险和系统性风险的目的，越来越多的人开始配置外汇和境外资产，高净值人群更是如此。一开始人们只是兑换一部分美元以备不时之需，慢慢地会开始配置一些境外的投资产品，甚至投资境外的房产。那么境外资产配置都有哪些产品或途径呢?

最基础的境外资产配置是持有外汇，例如持有美元或欧元。其实持有外汇本身也是一种资产配置的方式，但是这种方式过于简单，因为外汇账户本身利率较低，收益可以忽略不计，而且当所持有的外汇币种贬值时，投资者反而会因此遭受损失。所以，给持有的外汇加持一些金融产品，例如外币理财产品或者以外币购买的基金，这样就能获取一部分投资收益。配置外汇还要注意的一点是，在兑换外汇时，一定要先换成现汇，至于原因，我们会在后文详细介绍。

中低风险的境外资产配置主要是债券（包括债券基金）和保险。境外债券市场的参与起点很高，主要是机构投资者参与，但个人投资者可以通过购买债券基金分享境外债券市场的红利。境外保险也是一种非常不错的配置选择，越来越多的人根据需求选择在中国香港购买保险。

中高风险的境外资产配置包括境外的股票、期货、私募基金等资产，个人投资者可以通过沪港通、深港通等渠道直接参与，也可以通过 QDII[①] 基金或理财产品间接参与。

·划重点·

参与全球资产配置的主要渠道有四个：

- 外汇。
- 境外保险。
- 沪港通。
- QDII。

现钞和现汇，该选哪个？

你去银行办理换汇时，会有现钞和现汇两个选择。现钞和现汇有什么区别，应该兑换哪种呢？请记住这个答案：换现汇。

① 详见第 232 页。

在搞不清楚两者关系的时候，永远换现汇。因为从银行换出现钞和现汇的价格是一样的。但是银行在回收现钞和现汇时，两者之间是有差价的。现汇可以随时无条件转换为现钞，你前一秒兑换的现汇，可以在下一秒从银行窗口变成等额的现钞取出来。但如果你不幸换成现钞，想换回现汇，那就需要额外支付一笔钞转汇的差价了。

为什么会这样呢？这就好比金先生的工作单位的工会发放节日福利，2 000 元的现金红包和 2 000 元额度的 A 商城购物卡，多数人当然会选现金！因为现金在哪里都能用，包括 A 商城。但是 A 商城的购物卡只能在 A 商城使用。其实现金和购物卡就相当于现汇和现钞。现金是流通的，而购物卡必须在指定地区消费。试想，如果金先生的单位工会只发放了 A 商城购物卡呢？这时金先生会有两种选择：第一，去 A 商城花掉。这就好比你换了美元现钞，可以去美元流通的国家旅游时花掉。第二，转让给别人，但一般都会折扣转让，比如 9 折、8 折等，这样金先生会产生损失。这就好比金先生把美元现钞拿到银行换成了美元现汇（我们不讨论直接换成人民币的情况），也会产生一定的差价损失。从银行的角度，持有现汇就相当于持有本币现金，可以在国内或国际货币市场自由使用这些资金去进行拆借和流通，并产生相应的利润。但是银行持有的现钞就相当于购物卡，离开了指定的商场就是废纸，现钞没有办法实时用于货币市场的拆借和流通。如果想流通，银行也必须把这些钞票运输到能够流通的地区，虽然不一定是国外，可能是国内一家需要现钞的其他商业银行或者本银行的其他分行，但银行也需要把这些钞票运送给它们才行，这里的运输、保险和时间都是需要成本的。正是因为这些成本，银行会偏爱现汇，就像人们在现金和购物卡之间会选择现金一样。如果你要给银行现钞，那银行也只好多收你一些手续费来弥补它的损失了。

或者你也可以这样理解，现汇是电子的钱，现钞是纸质的钱。如果钱女士想在母亲生日时给她 2 000 元生日红包，在没有支付宝和微信的时代，她需要见到母亲，亲手把钱交给她。但是在如今的互联网时代，钱女士可以直接微信转账给她。现钞和现汇之间的价差就相当于钱女士的路费。

当然，如果你能够很清楚地分辨现钞和现汇的区别，并且有明确的用途，例如需要出国旅游携带一些现金，则可以直接换成现钞。

QDII 是啥?

QDII 是一种制度，是境内资管机构向境外投资时要用的“粮票”。粮票是在 20 世纪 50 至 80 年代中国粮食紧缺的背景下，以票购粮的一种凭证。如今，我国粮食储备已经足够，粮票早已退出历史舞台。目前我国的资本流动还没有实现完全自由流动，所以资本项下的出境投资还是需要资格管理和额度控制的，也就是说，也需要凭“粮票”投资。

资本为什么不能自由流动？因为按照蒙代尔－弗莱明模型（Mundell-Fleming Model），在稳定的汇率下实现资本自由流动，货币政策就可能会失效。这也是著名的“不可能三角”（Impossible

Trinity）法则，即资本自由流动、汇率稳定和独立货币政策三者不可能兼得。这就好比工业发展、新鲜空气和温暖的冬天三者一样，也是一个不可能三角。工业发展伴随雾霾，但北风可以吹走雾霾，所以既有工业发展又有新鲜空气的冬天就会很寒冷。如果想要一个没有凛冽北风的暖冬，则要么停止工业排放，雾霾也不会产生；要么就继续发展工业，但一定会伴随雾霾。所以工业发展、新鲜空气和暖冬必须至少牺牲其中一个。

于是，为了保证汇率的相对稳定和货币政策的独立性与有效性，牺牲资本的自由流动，这也是我国做出的选择。不过，我们仍然有 QDII 这样的方式可以实现对境外的投资。

QDII 的全称是合格境内机构投资者，是 Qualified Domestic Institutional Investor 的简写。有境外投资能力与需求的资产管理机构会向中国证监会和国家外汇管理局提出申请，对于符合条件的机构，中国证监会会发放 QDII 资格，国家外汇管理局会配置投资额度。这些 QDII 机构包括商业银行、证券公司、保险公司、信托公司和基金管理公司等，都是主流的持牌资产管理机构。

拿到 QDII 资格与投资额度的资产管理机构，就可以进行海外投资了。商业银行会发行 QDII 理财产品，基金管理公司会发行 QDII 公募基金或者一对多专户资管计划，信托公司会发行海外投资信托计划，保险公司会将险资做海外投资配置，证券公司会发行集合资产管理计划。投资者可以通过购买 QDII 产品分享海外投资的收益。

QDII 产品的选择

人们可以通过沪港通、深港通等通道直接投资境外的股票，但如果对境外市场不够了解的话，可能会面临较大的风险。而且，沪港通的参与门槛较高，个人投资者证券账户内需要有不低于 50 万元的资产才能参与沪港通投资。与其自己投资，不如通过购买 QDII 产品，将资产交给专业的管理人进行境外资产配置。

在选择 QDII 产品时会涉及投向、市场、风险、币种等多个要素，但也并不复杂，主要从以下几个方面进行选择即可。

看产品投向

与人民币的各类资管产品一样，QDII 产品也会涉及各种各样的投资方向，比如投资境外股票的 QDII 产品、投资境外债券的 QDII 产品，还有挂钩或投资于黄金或石油和天然气等大宗商品的 QDII 产品，也有投资于房地产领域的 REITs 类 QDII 产品。

看投资市场

除了产品分类，投资 QDII 产品时还需要关注产品所投资的市场，有些 QDII 产品仅投单一市场，比如美国；有些产品会以一类国家或市场作为投资目标，比如新兴市场；还有些产品会在全球各个国家和市场做均衡的资产配置。

看风险偏好

在选择 QDII 资管产品时，建议首先确定自己的风险偏好，看看自己是想以保值为目的，还是以增值为目的，或者是想更广泛地进行资产配置。如果是以保值为目的，可以选择以境外债券为投资标的的 QDII 产品。如果是以增值为目的，则可以选择境外股票为投资标的的 QDII 产品。如果是想广泛地配置资产，那么除了境外股票 QDII 产品，还可以选择以大宗商品和房地产为标的的 QDII 产品。

看管理方式

由于对境外市场缺乏投资研究，很多资产管理人并不会直接投资境外资产，尤其是股票资产，而是通过间接投资的方式进行 QDII 产品的投资。第一种方式是投资指数基金，宽基指数是一个市场的风向标，选择指数基金可以非常好地分享整个市场的收益，同时规避个股风险，也节约了选股的成本。全球各国（地区）的主要指数包括：

- 美国：道琼斯指数（DJIA）、纳斯达克指数（NDX）、标普

500 指数（SPX）。
- 英国：富时 100 指数（FTSE）。
- 中国香港：恒生指数（HSI）。
- 中国台湾：加权指数（TWII）。
- 日本：日经指数（N225）。
- 德国：DAX 指数（GDAXI）。
- 法国：CAC40 指数（FCHI）。
- 新加坡：海峡指数（FTSE）。

第二种方式是采取基金链接的方式，直接将 QDII 产品投资于境外的基金，一般会选取品牌响亮、业绩卓越、运作成熟的境外共同基金，这样就相当于把这只境外的优质基金直接复制过来，让国内的投资者能够通过 QDII 基金间接购买这只共同基金的份额。第三种方式是采用基金中的基金的方式，投资于多个在境外发行的共同基金，获得这一揽子基金的综合收益。

看募集币种

QDII 产品可以以人民币募集，也可以以外币募集，比如美元。如果是 RQDII（人民币 QDII）产品，则只能以人民币募集。

美元基金和理财产品

起初的 QDII 公募基金和 QDII 银行理财产品大多以人民币募集，产品会在募集资金之后将人民币兑换成美元或其他货币，投向境外市场。这当然是一种参与境外资产配置的方式，能够分享境外投资的收益。但是，随着人们手中的外汇增加，不少机构推出了以外币认购的公募基金和理财产品，尤其以美元居多，如此一来，投资者手中闲余的外币资产就可以直接用于境外资产配置，当有旅游或留学需求时，再赎回使用即可。

以人民币募集的 QDII 产品，只能享受境外投资收益；以美元募集的 QDII 产品，则能够达到持有外汇和享受境外投资收益双重目的，其实是一种更加深度的跨境资产配置。

怎么才能购买以美元募集的 QDII 产品呢？其实很简单，找银行的理财顾问咨询一下就知道了。你也可以通过手机银行或者网上银行，在理财产品的页面选择“美元理财”，或者找到基金销售的页面在基金类别中选择 QDII 基金，找到带有“美元”标识的产品，这些产品都是以美元募集的。需要注意的是，没有特别说明是现汇还是现钞的产品，都需要以美元现汇购买。还记得换汇时应该选“现汇”还是“现钞”吗？答案永远是选现汇。当然也有少数产品是可以用现钞购买的，这类产品会标明“现钞”的字样，比如“博时亚洲票息收益美元现钞债券型证券投资基金”。不过能够以现钞募集的基金，一般也都会有现汇的份额类别，这只基金同样有一类份额是以现汇募集的——“博时亚洲票息收益美元现汇债券型证券投资基金”。

DAY 10 精进知识回顾

在理财精进的第 10 天，我们探讨了跨境投资的相关话题。全球资产配置有助于我们分享各个市场的发展红利，并有效分散单一国家和地区的系统性风险。参与全球资产配置的主要的渠道有四个，包括外汇、境外保险、沪港通和 QDII 产品。

人们由于旅游、留学、访问等各种需求前往境外，在境外就会用到外汇。在银行换汇时，有现汇和现钞两种选择，现汇可随时在银行取出等量的现钞，但现钞存成现汇却需要转换手续费。因此，除了旅游等需要直接用到现金的情况，在其他情况都应选换现汇。

人们可以通过沪港通、深港通等通道投资境外股票，也可以通过投资 QDII 产品分享境外市场的收益。在选择 QDII 产品时，通常要注意产品的投向、所投资的市场、风险偏好、管理方式以及募集币种。

如果手上持有美元（或其他外币）资产，可以购买以美元募集的理财产品或基金实现投资，能够同时享有外汇和境外资本市场两项投资收益，当然也会同时面临两类投资的风险。

DAY 11

有关理财的一些知识

¥ · € · $

风险越大，收益越高，对吗？

风险越大，收益越高，这个说法对吗？

不对。正确的说法应该是：风险越大，预期收益越高。

一名投资者选择风险波动比较大的资产进行投资，例如在股票型基金和债券型基金之间选择前者，那么他一定会对股票型基金有更高的收益预期，但不代表结果就会如此。在很多年份，债券型基金收益率会超过股票型基金。这很好理解，就像我们认为一个每晚平均花 4 个小时学习、长期在班级排名前三的高中生会比一个每晚平均花 1 个小时学习、长期在班级排名中游的高中生更有希望考入一流大学一样。但这只是预期，是一种大概率的可能性，最终有可能后者在高考前突击 3 个月，考上了重点大学，而前者因为过度紧张只考取了一所普通的大学，这也是有可能发生的。所以风险和收益本身并不是成正比的，风险是和预期收益成正比。

预期收益是什么？是你期望通过投资赚取的收益。人们对投资的收益预期来源于常识、经验、历史情况和他人的建议等，人们会知道股票比债券的价格波动性更大，所以对投资股票的收益预期就会更高，因为只要在股票价格达到预期时把它们卖掉，就可能获得预期收益。风险是什么？是目标与结果之间的不确定性，也可以说是预期收益和实际收益之间的不确定性。

结果与目标之间的波动范围越大，结果就越难以确定，于是风险也就越大，最终的结果可能落在波动中的任意一个点。反之，结果与目标之间的波动范围越小，结果越容易确定，风险也就越小。比如，股票之所以风险大，是因为股票价格波动的区间大，每天都可能上涨 10% 或下跌 10%。相比之下，债券的价格波动区间就会小很多，因为债券的票面收益是确定的，债券的价格波动会随着久期的缩短不断地收窄，最终无限接近票面实际收益。所以，股票与债券相比，风险更大。人的期望总是美好的，在投资波动性更大的股票时，人们有理由期望自己能够在价格波动到高点时卖出，获得收益；而在投资于波动性相对较小的债券时，人们的期待也仅限于债券价格在有限波动的范围中走到高点，卖出债券获得收益。然而股票和债券因为波动范围差距悬殊，预期的高点自然也就相差悬殊。所以，股票的风险比债券高，人们对股票的收益预期也会比债券高。

最终，决定投资结果的是运气和判断力。运气我们无法强求，而判断力就是投资能力，是基于专业、学识、经历、性格等多种因素的综合。就像赛马一样，完全凭运气也可能猜到第一，但很难凭运气场场都能猜第一。不过如果能了解每一匹赛马的身体情况、历史表现等信息，这时的判断就可能和结果更加接近。

加息对生活与理财会有什么影响？

加息，是中央银行提高存款或贷款基准利率，是一种紧缩性的货币政策，能够起到增加存款、减少货币供应、抑制通货膨胀、抑制消费等作用。一次加息，可能对每个人的生活和理财都会产生或多或少的影响。

第一，加息将提高存款和贷款的利率。如果是存款加息，将直接提高银行存款的利率，进而直接提高人们的储蓄收益。这会促使人们把更多的钱存进银行。如果是贷款加息，则所有挂钩贷款的相关金融产品的收益也会随之增加，典型的产品包括融资类信托计划。

第二，加息会提高住房抵押贷款人每月需要支付的利息（如果选择的是市场利率贷款模式）。对于房地产市场而言，贷款利率越高，房贷成本越高，高贷款成本将会降低人们的购房意愿。如果经济过热或者通货膨胀严重，那么中央银行可能多次加息，也就是进入一个加息周期，这时有条件的话可以考虑提前还清房贷或提前偿还部分房贷以减少利息支出。

第三，加息会减少货币供应量，对股市是一种政策利空。资金如同股市的血液，增加资金供应就像给股市输血，而减少资金则会使股市失血。所有投资股票市场的基金、资产管理计划也有可能受到利空的影响。

第四，加息会导致债券收益率上行，债券价格下跌。如果手中持有国债等债券资产，其交易价格会因加息而降低，因为新发行的国债会有更高的收益率，于是此前以较低收益率所发行的国债在市场上的价格自然就会打折扣。债券型基金短期也会受到加息的影响，可能出现净值下跌。

第五，加息会使热钱流入本国，进而影响汇率，使本国货币升值。加息对汇率产生影响之后，同样的本金能够换取更多的外汇，人们出国留学、旅游所消费的总成本会降低。

· 划重点 ·

加息的影响：

- 提高存款收益。
- 增加房贷利息成本。
- 利空股票市场。
- 使债券价格下跌。
- 使本币升值。

反之，降息则是一种扩张性的货币政策，起到的作用与加息完全相反，能够减少存款、释放流动性、刺激消费，对股票、债券价格形成利好，但会使本国货币贬值。

投资黄金，选金条还是纸黄金？

黄金天生不是货币，但货币天生就是黄金。黄金这种贵金属因其稳定的属性、有限的存量、可铸造的特点，成为货币载体的“天然选择”。历史上，各个国家都不约而同地选择了黄金作为货

币，或者将货币币值与黄金挂钩。英国物理学家牛顿在担任英国铸币局局长时提出了金本位这一制度构想，将英镑币值与黄金价格进行挂钩锁定，1816年英国通过了《金本位制度法案》。因英国在19世纪末至20世纪初强大的经济以及英镑特殊的地位，在国际上形成了以黄金和英镑为中心的国际金本位制，于1880年至1913年盛行。两次世界大战之后，美国逐渐强盛，于1944年确立了以美元和黄金为基础的金汇兑本位制度，也被称为布雷顿森林体系。

黄金几乎一直伴随着货币制度的演变，直到今天各国仍然将黄金作为战略储备。因为黄金的特殊地位，也使其成为一种避险资产。每当世界局势萌发混乱的苗头时，黄金的价格就会上涨。此外，投资黄金还成为全球范围内对抗通货膨胀的一种有效手段。长期以来，黄金也成为除股票、债券等资产之外的一个主要投资品种。

普通投资者该如何投资黄金呢？通常有三个渠道：实物黄金、

纸黄金以及黄金 ETF。

实物黄金是一种古老而传统的投资方式，即直接持有实体黄金。实物黄金的购买已经非常方便，核心优势就在于是真金实物，不存在无法兑现的问题，是真正能够满足特殊时期避险需求的资产。但实物黄金的缺陷也非常明显，第一是不利于交易流通，第二是不易于家庭大量储存。在投资实物黄金时，应注意选择正规渠道发行的投资性质黄金实物，比如银行销售的金条。装饰品或首饰往往需要支付更多的工艺成本。此外，投资实物黄金应该选择纯度在 99.9% 以上的黄金，也就是“千足金”。

熊猫金币是一种特殊的实物黄金，是由中国人民银行发行、中国金币总公司铸造的系列金币。熊猫金币每年一款，采用 999 的千足金铸造，以中国国宝熊猫为金币的主题，具有法定面值，因此本质上是一种法定货币。熊猫金币与加拿大枫叶金币、美国鹰洋金币、澳大利亚袋鼠金币、南非福格林金币并列为全球五大投资金币，不但具有实物黄金所有的特性，还具有收藏价值，更具有流通功能。因其限量发行，早年的熊猫金币升值不菲，是实物黄金投资的上佳选择。

纸黄金是以黄金价格为标的、专门用于黄金交易的投资品种，盈利模式是通过交易差价获取收益。纸黄金只能做账面交易，并不能兑换为实物黄金，① 因而也被称为记账式黄金交易。纸黄金的优势是交易极为便利，可以像股票和外汇一样进行线上黄金买卖，最终按照交易盈亏轧差结算。纸黄金的缺陷是它本身是一种挂钩

① 也有部分银行推出的线上黄金交易品种是支持兑换实物黄金的，但名称大多不叫纸黄金。

黄金价格的凭证，而并不能兑换实物黄金，因此它只具有交易功能，本身没有任何价值。

如果注重黄金本身的价值，可选择投资少量的实物黄金。如果希望通过黄金交易获得收益，则应当选择纸黄金。

除了实物黄金和纸黄金之外，投资黄金还可以选择黄金 ETF。黄金 ETF 通过投资于黄金交易所挂盘交易的黄金现货合约，实现对黄金现货价格的跟踪。黄金 ETF 的本质是公募基金，投资门槛低，交易成本也较低，申购赎回也非常便利，是一种投资者间接进行黄金投资的有效方式。

投资古董字画等收藏品靠谱吗？

有道是，“乱世黄金，盛世收藏”。当人们的物质生活逐渐富足时，就会追求对艺术品和收藏品的投资。字画、古董、酒水、翡翠、茶叶、木材、已退出流通的钱币、瑞士手表甚至奢侈品皮包都曾被热炒，不少人也纷纷入手了一些热门的收藏品，期望把玩的同时，也能获得保值增值。

但事实上，普通投资者基本上没有从收藏品的投资上赚到钱，最终这些藏品大多成为老百姓家中的陈列品，或者进了仓库。收藏品投资的风险是极大的，对于普通投资者而言，收藏品的投资价值尚无法与股票、债券等标准化金融资产相提并论。主要原因有以下几点：

- 流动性差。收藏品的流动性较差，同时缺乏交易市场。有些品种甚至根本没有流动性，难以交易。一些具有一定流通性的收藏品如急于变现，大多也只能在典当行出售，典当行的收购价格大多在商品现行市场价格的 0.5~3 折左右，折价严重。如果是顶级藏品，大多会通过拍卖等方式出手，交易周期较长，收益不确定性大。
- 标准化程度低。字画、古董、翡翠、茶叶、木材等收藏品的标准化程度极低，一物一价，且真伪难辨。标准化程度高一些的品种，往往能够获得更高的流动性与价格，比如茅台酒、已退出流通的钱币等，但这一类标准化收藏品也存在造假问题，普通投资者难以鉴别。
- 升值空间有限。其实大部分收藏品的本质都是消费型商品，比如白酒、普洱茶、小叶紫檀木等，其价格的上涨多源于商家的炒作。很多商家还会在商品中叠加艺术元素在其中，以创造炒作的热点。在商家阶段性的热炒之后，收藏品的价格往往会大幅回落，而且即便在升值期间也是有价无市，难以变现，往往只有少部分顶级的藏品具有升值空间。
- 受经济周期影响，可能大幅折价。收藏品往往只会在经济向好时被热炒，而当经济不景气时，大部分收藏品的价格都会大幅下跌。

所以，收藏品用来收藏和把玩是没有任何问题的，但如果想用收藏品来实现投资收益，其实是不太靠谱的。除非是某一行业的资深玩家，对行业的情况非常了解，否则不建议轻易尝试。

当然，在证券投资和保险资产都已相对完善的情况下，以闲余资金本着“玩一玩”的态度还是可以尝试收藏品投资的。在投资时应注意选择符合以下条件的品种：

- 要能够长期储存。
- 要有交易市场。
- 要有一定的存世量，但又不能过大，确保有市有价。
- 要容易估值。

P2P 还可以投资吗？

很多投资者在 2015~2017 年投资 P2P 获得了不菲的收益，收益率甚至高达 10% 以上。但自 2018 年起 P2P（之所以叫 P2P，是 peer to peer lending 的简写，就是点对点借贷）平台出现大量跑路现象，导致不少投资者的本金无法回收。那么，P2P 还可以投资吗？

要弄清楚 P2P 是否可以投资，首先要知道 P2P 到底是什么。P2P 是一款用于理财的资产管理产品，还是一种像银行一样靠存贷款获取利差收益的工具？其实都不是，P2P 的本质是信息中介平台，类似网络婚恋平台，做的是撮合业务。

打开一家 P2P 的官网主页，或者打开一个网络婚恋平台的官网主页，都能看到类似表 11–1 和表 11–2 的内容。

表 11-1 某 P2P 平台官网主页

年化收益率	期限	项目金额（元）	项目类型	还款方式
6.70%	6 个月	80 000	车辆抵质押担保	按月付息到期还本
7.20%	12 个月	65 000	车辆抵质押担保	按月付息到期还本
7.25%	12 个月	725 000	房产抵押担保	按月付息到期还本
6.90%	8 个月	30 000	合作机构担保	按月付息到期还本
6.65%	3 个月	52 650	车辆抵质押担保	按月付息到期还本

表 11-2 某网络婚恋平台官网主页

家乡	性别	年龄（岁）	身高（厘米）	职业	房产	车	兴趣爱好
苏州	♂	29	174	金融	有房有贷	有	读书，旅游
广州	♀	26	164	行政	无房	有	音乐，电影
青岛	♂	31	188	医药	有房有贷	无	潜水，书法
北京	♂	37	179	汽车	有房无贷	有	汽车，骑马
大连	♂	23	183	IT	无房	无	健身，旅游

两者都会列出很多信息，其核心模式是一样的：匹配。

可能很多人都会有疑问，P2P 列出来的不是正在募集的投资项目吗？还真不是，P2P 这些所谓的项目，其实是一个一个正在等待贷款的人借助平台发出的贷款要约，你选择项目进行了投资，实际上就是给你选择的这个人发放了一笔个人贷款。P2P 公司只是一个平台，负责撮合需要贷款的和有钱放贷款的人“配对成功”。

P2P 的实质是网络借贷，属于互联网金融的产物。简单说就是相互不认识但有需求的人和人之间通过互联网平台实现的直接借贷。P2P 公司就是为了撮合借贷的中介平台，它们的工作包括：信息搜集、信息公布、资信评估、信息交互、借贷撮合等。P2P 业务起源于英国，2005 年由亚历山大等人共同创立了一家名为 Zopa 的 P2P 平台，P2P 模式而后在美国得到完善和繁荣，先后出现了 Prosper、Lending Club、Kiva 等平台。中国是互联网极其发达的国家，这一业务模式很快就传入中国，并且兴起了一阵热潮。

看到这里，你可能会关注一个问题：贷款收不回来怎么办？原则上，投资 P2P 的风险是由投资者自担的，但平台会有各种方式帮助投资者讨债。首先平台会调查借款人的资信、职业、收入、抵质押品等情况，进行风险评估，通过评估的项目才会放在 P2P 平台。贷后如果逾期未偿还，平台有一系列的手段进行债务追偿。也有少数 P2P 公司是有担保机制的，会在项目到期发生逾期时先行向投资人垫付本息，然后再去向借款人追讨债务。

P2P 最大的风险并不在贷款逾期，而是平台跑路。据统计，截至 2019 年年末，我国市场 P2P 平台的累计数量为 6 612 家，然而尚在正常运营的平台只有 343 家。① 剩下的 95% 呢？不是关门倒闭，就是跑路了，还有一部分因为不符合准入被清退了。注意，P2P 平台一旦跑路，它们是可以把投资者的投资款卷走的，事实上也有不少平台这么做了。所以你的投资款大概率是要不回来的。你看中的是项目收益，人家看中的却是你的本金。

回到最初的问题，P2P 风险这么高，还能投资吗？如果一个行业 95% 的参与者已经跑路或退出，你还敢投资吗？确实这个行业目前已经处于衰退期，但有趣的是剩下这 5% 的 P2P 平台在逐渐走向专业化和规范化的道路上，而且确实是一类预期收益颇高的产品。对于 P2P 的建议是，核心资产还是应该配置在稳健的银行

---

① 统计数据来自网贷之家官方网站：https://www.wdzj.com/。

理财产品、保险以及固定收益类基金、信托等产品上，如果还有闲余资金，再考虑少量配置在 P2P 进行投资。

比特币要不要投？

比特币是 2009 年诞生的一种新型虚拟电子货币，比特币没有特定的发行机构，而是通过大量计算产生，并基于区块链技术，使用整个 P2P 网络的分布式数据库来记录全部交易行为。由于其总量有限，具有极强的稀缺性，因此成为一个被热炒的投资品种。

很多人始终不理解比特币到底是什么，到底如何交易，如何运作。比特币的创始人中本聪创造这一新事物的初衷是打造一个数字货币用于网络支付，即便是在互不相识、并未建立信任基础的交易对手之间，也可以完全不需要中介而实现安全可靠的支付。有人会问，那支付宝和微信支付不是也实现了互联网支付吗？同时支持陌生人之间扫码转账，和比特币有什么区别呢？区别在于，支付宝和微信支付都是第三方支付平台，通过支付宝和微信转账真正转出的还是基于现实世界中发行的法定货币，比如人民币或美元。这些法定货币是由各国的中央银行发行的，中央银行可以通过印发新钞或者回笼资金调整货币供应量。而比特币是没有发行机构的，总量是有限的，其供应量无法被包括各国中央银行在内的任何机构所操控。从这一点上看，比特币有点像黄金。

我们把比特币与黄金相比，能够发现两者确实有不少形同之处。一是两者都比较稀缺，总量固定，而且开发储量都需要“挖矿”；二是两者皆可充当货币进行交易；三是两者均无发行人，不受各国中央银行控制；四是难以损坏，黄金性质稳定且很难灭失，而比特币被分布式数据库所记录，也不能被销毁；五是高度防伪，假币易造，黄金难伪，比特币更是没有造假的可能性；六是具有一定投资价值。想象一下数千年前黄金刚刚流通时，人们是否也抱有和今天面对比特币一样新奇的心情呢？

当然，两者的区别也是显著的。黄金当前的价值主要来源于其避险特性，但其作为曾经的“世界货币”的功能已经逐渐退出了历史舞台。而比特币的初衷是作为一种互联网时代的数字支付手段，为人们的交易提供便捷。

比特币本身并没有任何价值，它只是一个支付工具，离开了互联网环境就没有任何意义与价值。但因其特殊的属性，也成为投资客投机炒作的对象。投资比特币，主要的收益来源于买卖价差。这一点和炒股票、炒纸黄金并无差异。但是，比特币并没有一个机构进行监管，其价格波动远远超过股票和黄金，因此投资风险极大。如果有兴趣投资比特币，可以拿少量闲余资金参与体验，但不建议将生活所需的资金押注于此。

久期是什么？

虽然股票的风险和预期收益都比债券要大，但放眼全球，如果不算买国债并持有到期这种简单的债权投资，做股票交易的个人投资者要远远多于做债权交易的，为什么呢？因为相对于股票的低买高卖，债权投资的专业门槛非常高，想入门还是比较难的。当你面对满市场期限不同、票面利率不同、付息方式不同的各种债券，怎么买？持有之后，当市场利率出现波动，手中的债券又当如何卖？可能没有专业知识的话，就会一脸茫然了。

经常健身的人都会关注一个数据，就是体脂率。体脂率是人体脂肪含量占身体体重的比率，可以通过体重和腰围计算得出，也可以通过 BMI（身体质量指数）计算得出，还可以通过带有金属感应装置的体脂称直接测得。身高、体形不同的人可以通过这一项数据对肌肉和脂肪情况进行直接比较，只要知道体脂率，就能直观地判断一个人隐藏在衣服里的是大肚腩还是漂亮的腹肌，在医学上也有一定的参考作用。面对各种不同指标的债券，是不是也能有一个类似体脂率的指标呢？还真有。

1938 年经济学家麦考利（F.R.Macaulay）发明了一个概念——久期。久期这个概念是固定收益领域投资的一个“神器”，可以称为债券的“体脂率”。它以债券到期时间为基础，叠加了票面利率、付息方式和市场利率，综合形成一个指标，表示债券的平均还款期限，以便于把各种不同属性的债券平摊到一个维度上进行直接比较。

举个简单的例子来说明。你的同事跟你借 1 万元钱，期限 3 年，有 8% 和 10% 两种利率供你挑选，你如何选择？你当然会选 10% 的年利率，因为收益更高。如果年利率确定是 10%，付息方式不一样，第一种是 3 年到期一次性支付本金和利息；第二种是每年付息一次，到期还本，你如何选择？你会选第二种，因为可以更早地拿到利息。但是该如何解释这种选择呢？最简单的办法就是久期，第一种方式的久期是 3 年，第二种方式的久期是 2.74

年，久期越短，对债券的持有方越有利。如果能每月付息，到期还本，久期会进一步缩短到 2.61 年，显然就更加有利了。

久期怎么算呢？这个问题其实不必纠结，因为市场上的很多资讯机构会给出债券的久期，专业的投资机构也都有久期计算器，Excel 软件里也有久期的函数，都可以轻松获得一只债券的久期。如果一定想知道久期是怎么算出来的，可以看一下麦考利久期公式：

$$久期=\frac{\sum_{t=1}^{n}\frac{t\times 每次付息金额}{(1+收益率)^{t}}+\frac{n\times 债券面值}{(1+收益率)^{n}}}{债券价格}$$

在实际投资中，久期如何应用呢？久期越短，市场利率变化对债券的影响就越小，持有债券的风险就越低；反之，久期越长，债券对市场利率的敏感性就越高，风险就越高。于是，在预期市场利率将会下跌时，就应该考虑买入具有较长久期的债券；在预期市场利率会上升时，就应该考虑购买较短久期的债券。

庞氏骗局要知晓

庞氏骗局是以查尔斯 · 庞兹（Charles Ponzi）的姓氏命名的骗局。庞兹出生在意大利，1903 年移居美国淘金。庞兹从事过各种工作，他为了赚钱根本无视法律的存在，曾因伪造罪入狱，此后又因走私人口二度入狱。

在经历了“丰富多彩”的前半生之后，庞兹在他 37 岁那年设计了一个超级投资计划，他相信这个计划将使他的后半生成为富豪。他在美国波士顿向公众发布了他的投资计划，他宣称这个计划主要通过美国与欧洲之间的货币与市场信息不对称牟取差价，可以获得暴利，3 个月的投资收益率为 40%，相当于年化 160% 的投资收益率。这个数字确实高得吓人，其实略懂金融常识的人都会对这种产品产生怀疑，对于一个充分竞争的市场，几乎不可能存在这样的机会。但毕竟有人相信了。庞兹募集到了第一批资金，在第一批资金达到 3 个月时，庞兹兑现了承诺，将本金连同 40% 的收益返还给了投资者。市场沸腾了，这些投资者又把本金连同收益交给庞兹，继续投资于他的计划，并推荐给亲朋好友也来投资。庞兹的投资计划不断壮大，庞兹非常守信用地将自己承诺的收益全部兑现，投资者彻底狂欢了。不到一年，庞兹投资计划的投资者达到 4 万人，募集资金超过 1 500 万美元。资金像小溪汇入大海一样源源不断地灌入庞兹的投资账户，他凭借着这一投资计划，成功使自己成为超级富豪，享受着当时美国上流社会的奢侈生活。庞兹几乎成为投资之神，被美国人尊为与发现新大陆的哥伦布和发明无线电的马可尼齐名的“最伟大的三个意大利人”。

很多人都会疑惑，他到底投资了些什么？居然能够兑付如此高额的收益，甚至连一些当时的金融从业者都很好奇，因为专业人士都以为他是个骗子，却没想到他居然持续地兑现着高额投资收益，并不断扩大着他的“管理资产”规模。但这一宏伟的投资计划仅持续了一年多就崩塌了，庞兹也破产了。其实，庞兹根本没有拿投资人的钱去做任何投资，他只是用新募集的资金去支付上一期产品到期的回报，只要后续的资金能够不断涌入，这个“雪球”就能越滚越大。但是，一旦流入的资金不足以覆盖之前到期的本金与收益，这个投资计划就会崩溃。

庞兹的投资计划曝光之后，他被捕入狱，蹲了 5 年大牢。令人震惊的是，他出狱后居然重操旧业，又上演了几次这种空手套白狼的骗局，以至于多次入狱，最终被驱除出美国。此后，这种以新偿旧的骗术就被称为“庞氏骗局”。

庞氏骗局在世界各国都曾上演，在我国也曾出现，所以在选择投资理财产品时，务必要识别资产管理人是否为持牌机构，是否合法。

DAY 11　精进知识回顾

在理财精进的第 11 天，我们针对一些理财中经常用到的知识做了介绍。比如风险和预期收益的关系，比如加息、降息对我们的生活与理财产生的影响，比如久期是什么，比如如何识别庞氏骗局。同时，我们还对一些特殊的投资品种进行了探讨，包括黄金、收藏品、P2P、比特币。其实除了黄金，其他几类投资品种都不是市场的主流选择。对于普通投资者，在有闲钱时参与其中是完全没有问题的，但将其作为主要的投资配置就务必三思了。

DAY 12

享受理财，拥抱生活

¥ · € · $

理财能致富吗？

理财能致富吗？

对于绝大部分人来说，其实并不能。

我们都听说过创业致富，但并没有听说过哪个富豪是因理财而致富的。几乎没有人能单纯通过理财而实现财务自由，就算是专业理财顾问，他们也仍然需要从事这份工作来获取收入。

我们来算一笔账就很清楚了。钱女士在 2020 年的税后年收入是 50 万元。即便全部进行投资，也很难在 2021 年获得 50 万元的收益（相当于年化投资收益率达到 100%）。但是钱女士只要保持继续工作，就可以在 2021 年再赚取 50 万元。所以，钱女士没有办法单纯通过理财维持当前的个人财务状态，但她只要继续工作就可以。

再看一组数据。股票是预期收益和风险都偏高的一类投资产品，但从长达 10 年的收益率来看，即便投资股票，也很难实现财务自由。在 2009—2018 年的 10 年里，中国 A 股的平均年化投资收益率是 9.64%。同期，美国股市的平均年化投资收益率是 11.26%，英国为 5.66%，日本为 11.70%，德国为 8.40%，法国为

4.10%。所以在任何国家，即便投资预期收益相对较高的股票，能获得的收益也是有限的。

那么理财有什么用呢？我们为什么还要理财呢？

其实，理财的定位并不是进攻，而是防守。正确地理财，可以守护我们的财富和生活。

钱女士每年 50 万元的收入确实能够在当前维持非常舒适的生活，但当她在上海买入一套价值 800 万元的房子时，如果不通过各种理财手段来管理自己的资金，恐怕她的生活在接下来的很长一段时间就不会那么舒适了。或者当钱女士不幸罹患疾病需要手术并休息半年时，如果不提前购买足额的保险，恐怕也会使生活蒙受重创。更长远地看，当钱女士退休后，她将不能维持 50 万元的年收入。通常企业的薪酬体系是由基本工资 + 绩效奖金构成，绩效奖金往往占了高收入人群薪酬的 70% 以上。退休后的退休金通常是以基本工资为基数进行计算的，而不再包含绩效奖金，即便加上养老金和企业年金，收入也会大打折扣。如此看来，在工作期间及时进行理财就显得非常重要了。如果能够在自己退休前储备足额的资产，便能够安享一个舒适的退休生活。

我们再来算一笔账，钱女士从 40 岁起到 60 岁，假设年收入稳定在 50 万元，扣除日常开销、房贷等花销，每年剩余 25 万元。如果不进行任何理财操作，在 60 岁时积累的账户余额将为 500 万元（25 万元 / 年 ×20 年）。如果把投资分布在银行理财产品、信托计划、权益类基金以及私募股权基金等产品上，假定平均年化综合收益率为 7%，在 60 岁时积累的账户余额为 1 024.89 万元。这差出的整整一倍的金额（1 024.89 万元比 500 万元多出一倍多），就是理财与否的差别。

所以，理财虽不能致富，但可以守富。

我们应该在当打之年把有限的时间与精力投入到自己的主业，去创造更多的财富，将生活所需之外的盈余资金通过恰当的理财手段进行组合，实现保值增值。

理财可以在一定程度上避免因通货膨胀造成的货币贬值，可以获得一定的收益，来满足人们的中长期消费目标，可以成为一种习惯改善人们的生活质量，理财还可以使人快乐。

理财使人快乐

我们愿意追求能够让自己获得快乐的体验。比如我们追求美食和运动，因为美食和运动能够带来生理上的快乐。快乐也可以来自精神上，比如在事业或学业上取得成就、获得来自他人的肯定和赞扬、处于一场甜蜜的爱情之中，等等。生理上的快乐来自感官反馈，精神上的快乐来自成就感与认同感。

理财也是能够使人快乐的。

现在，请回忆一下你自己在第一次通过投资或理财获得收益时的心情。相信看到收益的数字时，无论多少，还是有过激动的感受吧。通过理财获得收益，类似自己播种培养的果树结出果实，这种喜悦也是来自精神上的，是源于自我认同感带来的快乐。

凡事皆有两面性。快乐的另一边是痛苦，就像收益会伴随风险。

当人们开始不满足于理财的收益时，就会追求回报更高的产品。然而更高的回报也就意味着更高的风险。有两个因素能够让投资者在高风险投资时规避掉风险而获得收益，一是运气，二是专业知识。运气往往是一时的、偶然的，而专业知识是稳定的、持久的。就像一个业余篮球爱好者，他也许能够偶然做到连续十次投篮的命中率超过职业篮球运动员，但随着样本量的扩大，投篮上百次、上千次时，业余篮球爱好者和职业篮球运动员命中率的差距必然会被拉开。

所以，想要长久地快乐理财，就必须懂得理财的知识，了解各类理财工具，通过合理的配置，驾驭风险，获得自己投资的预期收益，最终让理财服务于自己的生活。

理财的正确顺序与比例

健康在很大程度上影响着人们的生活质量。因此随着生活水平的提高，我们越来越关注自己的健康，每年都会给自己做一次全面体检，以期及时发现身体的潜在问题。财产，是另一个影响人们生活质量的重要因素，在收入恒定的前提下，能够合理地规划和配置自己的资产，也是可以改善生活质量的。

一组健康的投资，应该能够合理地将资产在流动性、风险、功能和期限四个方面进行合理的配置，以保障资产既能够满足日常生活所需，也可以应对突发状况，还能够实现长期保值增值。因此投资需要有原则，各类资产配置也要有合理的顺序。如果投资过于随意，很可能会造成某些方面的疏忽，导致短期出现资金缺口、遇到突发事件没有资金应对或者长期收益率偏低等情况。

我们不妨对照健康的理财原则和顺序，给自己的理财情况做一次“体检”。

首先，理财应该遵守以下四个原则：

- 在流动性上：应优先配置高流动性资产，之后选择低流动性资产。
- 在风险等级上：应优先配置低风险资产，之后选择高风险资产。
- 在功能上：应优先配置保险保障类资产，之后选择投资类资产。
- 在期限上：应优先配置短期资产，之后选择长期资产。

在遵循以上四个原则的基础上，如果不考虑自住房产，可以将理财资产分为六大类，按照配置的优先顺序依次为：

- 现金类资产。
- 保险资产。
- 固定收益类资产。
- 权益类资产（二级市场）。
- 房产（投资类）及其他资产（如黄金、收藏品等）。
- 私募股权类资产。

那么这六大类资产有配置的“黄金比例”吗？很抱歉，真的没有。因为每个人的收入与财务状况都不一样，不可能使用同一套资产配置的比例来套用。举例说明，月收入 2 万元与年薪 200 万元的人，他们在以上六类资产上的配置比例会有极大的不同。

月薪 2 万元的外企经理钱女士，每月房贷月供 6 000 元，养车 2 000 元，吃穿购物 7 000 元，通信水电等生活开支 600 元，钱女士为自己投了一份重疾险，平摊到每月是 400 元。每月余下的 4 000 元用于理财，其中 3 000 元会不断滚动购买固收类银行理财产品，1 000 元用于基金定投。因此钱女士的现金类资产将占到她月收入的 80%，其中包含用于购买保险的 2%；在剩下的 20% 中，15% 投资于固定收益类资产，5% 投资于权益类资产。

而对于年薪 200 万元的上市公司业务总监金先生来说，平均到每月的收入约为 16.7 万元。金先生有两套房产，一套自住，一套出租，每月两套房贷月供合计 25 000 元，出租房屋的租金收入为 5 000 元。其他的支出包括：养车 5 000 元，孩子教育 10 000 元，太太消费 20 000 元，自己吃穿购物 5 000 元，物业、通信、水电、燃气等生活开支 4 000 元，合计每月 6.4 万元。金先生为自己和家人投保平摊到每月是 6 000 元。每月余下的近 10 万元闲余资金用于理财，滚动分配至信托和权益类资产上。金先生每两三年会赎回 100 万元信托或权益类资产并投资到股权投资基金，博取更高的收益。金先生的现金类资产将占到他月收入的 38.3%，约 4% 用于购买保险，用于理财的资金比例达到 58%。虽然金先生每月的开销比钱女士大，但现金类资产占金先生月收入的比例（38.3%）与钱女士（80%）相比却要小很多；反之，金先生在房产、股权基金等方面的配置比例（58%）要远高于钱女士（20%）。

如果用图形来描绘他们两个人各类资产配置所占总资产的比例，钱女士的资产配置形态会是“金字塔”形，而金先生的则会是“倒金字塔”形，如图 12-1 所示。

收入越低或总资产越少，生活开支所占的比重就会越大，相应的现金类资产的比例就会越高，保费支出也会显得占比较大，而所剩余的部分才能够投资固收类和权益类等资产。投资房产和股权类资产的准入门槛较高，在收入有限的前提下，很可能无法

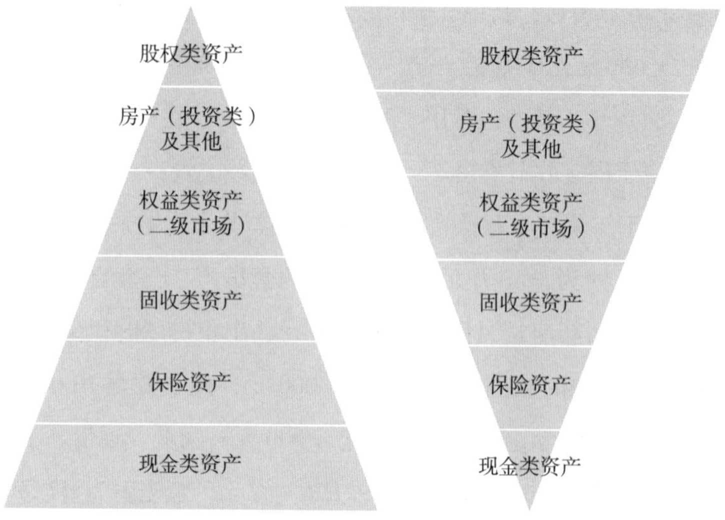

图 12-1 “金字塔”形与“倒金字塔”形资产配置形态

参与。而对于高收入或总资产较多的人而言，生活开支虽然也会有所增加，但消费品的价格毕竟差不出太多，现金类资产所占的比例就会显得较低。保险方面，保费会随着总保额的提高而增加，但在大额的收入中所占的比例其实并不多。余下的资产会更多地配置在投资工具上。通常房产和股权基金因门槛较高，会占用大量资产，所占比例自然也处于最高点。

年收入 12 万元以下的理财套餐

国家统计局发布数据显示，2019 年全国居民人均年可支配收入为 30 733 元，2019 年北京市月平均工资为 7 828.49 元，即每年 93 941 元。年收入 12 万元以下，即月收入在 1 万元以下，是大多数人的正常收入水平。从表 12–1 所示的 2018 年各行业城镇单位就业人员平均工资可以看出，除了 IT 行业、金融行业和科技行业的就业人员平均工资超过 12 万元，其他行业均在 12 万元以下。

月收入在 1 万元以下，如果是在一、二线城市工作生活，压力还是比较大的。尤其是在有抵押贷款或者租房的情况下，每月的月供或房租通常会成为很大的一笔开支，除去衣、食、住、行，所余下能够用于投资理财的资金就并不多了。在这种情况下，建议首先选择一款支持 T+0 快速赎回的货币型产品，比如银行的货币型理财产品，也可以是支付宝的余额宝或者微信的零钱通中的货币市场基金。通过货币型理财产品代替活期存款，可将收益提高至 3% 以上。

表 12-1 2018 年中国各行业城镇单位就业人员平均工资

行业	2018 年就业人员平均工资（元）
信息传输、计算机服务和软件业	147 678
金融业	129 837
科学研究、技术服务和地质勘查业	123 343
电力、燃气及水的生产和供应业	100 162
文化、体育和娱乐业	98 621
卫生、社会保障和社会福利业	98 118
教育	92 383
交通运输、仓储和邮政业	88 508
公共管理和社会组织	87 932
租赁和商务服务业	85 147
采矿业	81 429
批发和零售业	80 551
房地产业	75 281
制造业	72 088
建筑业	60 501
水利、环境和公共设施管理业	56 670
居民服务和其他服务业	55 343
住宿和餐饮业	48 260
农、林、牧、渔业	36 466

资料来源：国家统计局官方网站。

其次，需要选择一款保险来守护自己及家人的生活。还记得“保额收入比”吗？“保额收入比”是保险额度与被保险人 1 年税后收入的比例倍数，通常应不低于 1 倍，不高于 5 倍，黄金配比为 2 倍。年收入在 12 万元以下的话，在有医保的前提下，建议配置按照 20 万元左右的重疾险，30 岁的男性每年保费大约 5 000 元，女性大约为 4 500 元。如果已婚并有子女，建议给自己配置一份消费型意外险，每年大约 200 元。

余下的资金，可按照自身的风险偏好进行配置。如果风险承受等级在 PR3 及以下，则主要配置 PR3 级别以下的银行理财产品或者固收类和固收 + 基金即可。如果风险承受等级在 PR4，则可以将资金部分配置在固收类银行理财或固收类基金上，部分配置在权益类产品上。年收入 12 万以下通常风险承受等级很难达到 PR5，因此不推荐在高风险的产品上投入过大的比例。

综上，年收入在 12 万元以下的投资者可以参照这一比例进行配置：

- 现金类资产（50%~70%）。
  推荐产品：货币类理财、货币市场基金。
- 10 万 ~20 万元保额保险（5%）。
  推荐产品：重疾险、意外险、车辆保险（如有）。
- 固定收益类资产（20%~40%）。
  推荐产品：PR2~PR3 银行理财产品、固收类及固收 + 基金。
- 权益类资产（0%~25%）。
  推荐产品：混合型公募基金、指数基金。

年收入 12 万 ~50 万元的理财套餐

随着就业者工龄的增加，收入通常也会不断增加。IT 行业、金融行业和科技行业的就业人员工资大多在年薪 12 万 ~50 万元的范畴，其他行业就业人员可能在工作一段时间之后，年薪水平也会迈入12万~50万元的梯队。

12万~50万元的年薪相当于1.0万~4.2万元左右的月薪。这一收入水平满足日常开销是绰绰有余，已经实现了“超市自由”，因而也能腾挪出更多资产用于投资理财。首先还是应当选择一款用于满足日常流动资金所需的T+0货币型理财产品或基金，同时配置额度在24万~100万元（年收入的2倍）的重疾险以及相应的意外险，并应为家庭核心收入成员投保20年左右的寿险。如果总资产比较充裕，可以考虑投资房产。如果总资产并不富裕，则投资理财的焦点就集中在如何配置固定收益类资产和权益类资产。

如果理财有特定的消费目标，例如结婚、买车、买房、子女教育大额开销等，并有明确的消费时间表，建议投资以固定收益类产品为主，以防过多投入权益类产品造成损失，耽误资金的使用。在固定收益类产品的选择上，如果年收入不足40万元，可以选择银行理财产品或债券型基金；年收入超过40万元的，可以考虑配置部分信托产品。如果没有特定的消费目标，则可偏重于权益类产品的投资，比如通过权益类基金进行投资，或者如果时间允许的话，也可自行尝试股票投资。

综上，年收入在12万~50万元的投资者可以参照这一比例进行配置：

- 现金类资产（20%~50%）。

  推荐产品：货币类理财、货币市场基金。

- 40万~200万元保额保险（5%~10%）。

  推荐产品：重疾险（24万~100万元）、意外险、家庭收入核心成员寿险（20 万 ~100 万元）、车辆保险（如有）。

- 固定收益类资产（40%~80%）。

  推荐产品：PR2~PR3 银行理财产品、固收类及固收 + 基金、信托。

- 权益类资产（10%~40%）。

  推荐产品：混合型公募基金、股票型基金、指数基金，时间较充裕的人可直接投资股票。

- 房产及其他资产（0%~50%）。

  如总资产充裕，可考虑投资房产，但总额不应超过总资产配置的 50%。

年收入 50 万 ~300 万元的理财套餐

年收入达到 50 万 ~300 万元，大多是企业的中高层管理人员或者小企业主，通常这一群人会被称为“社会精英”。私募基金的合格投资者标准为“金融资产不低于 300 万元或者最近 3 年个人年均收入不低于 50 万元的个人”，因此年收入达到 50 万 ~300 万元的“社会精英”是能够成为私募基金合格投资者的。

“社会精英”会追求更高的生活品质，因此在日常开销上也毫不吝啬，尤其在住房和用车等方面他们的开销会显著高于年薪在 50 万元以下的人群，“社会精英”一年在车辆保险和车辆保养上花费的金额足够买一辆全新的经济型小型轿车。当然，由于收入基数大，虽然日常生活开销不小，所占比例却会显得很小。在进行货币类产品配置的时候，务必要注意理财产品或基金 T+0 快速赎回一般都有额度限制，部分银行理财产品支持 50 万元 / 日的快速赎回，而货币市场基金仅支持 1 万元 / 日的快速赎回。由于“社会精英”日常开支较大，因此建议除了货币类产品，还应保留部分现金。

在保险方面，“社会精英”可以配齐重疾险、意外险、寿险和医疗险，如果子女年龄较小（6 岁以下），可给子女配置儿童高端门急诊险，以应对不时发生的各类疾病。

在投资品种上，“社会精英”可将资产配置到信托、基金专户一对多以及银行的私人银行理财产品中。如果比较保守，推荐以融资类信托和 PR2~PR3 的私人银行理财产品为主要投资品种。如果愿意追求高收益并承担风险，则可以通过投资私募股权基金来寻求一级市场股权价值增长获得的收益，或者投资基金专户一对多、券商集合资产管理计划、期货资产管理计划以及阳光私募证券投资信托产品，获取二级市场的投资收益。

“社会精英”通常也会在自住房之外配置投资性房产，但如果运用房贷杠杆，应注意房贷比例不应过高，月供不超过月收入的 50%。

综上，年收入在 50 万 ~300 万元的投资者可以参照这一比例进行配置：

- 现金类资产（10%~20%）。

  推荐产品：现金、货币类理财与货币市场基金（注意 T+0 快速赎回每日限额）。

- 100 万 ~600 万元保额保险（5%~10%）。

  推荐产品：重疾险（100 万 ~600 万元）、意外险、寿险（100 万 ~600 万元）、医疗险、车辆保险、子女配置儿童高端门急诊险。

- 固定收益类资产（20%~80%）。

  推荐产品：融资类信托、PR2~PR3 私人银行理财产品。

- 权益类资产（20%~80%）。

  推荐产品：基金专户一对多、券商集合资产管理计划、期货资产管理计划、阳光私募证券投资信托。

- 房产及其他资产（0%~50%）。

  配置投资型房产，如使用贷款杠杆，建议月供不超过月收入的 50%。

  可投资实物黄金、期货等资产以丰富资产配置。

- 私募股权类资产（0%~60%）。

  推荐产品：私募股权基金、资产配置类基金（FOF）。

如果年收入达到 300 万元以上，总资产达到 1 000 万元以上（不含房产），则建议设立家族信托，将资产进行隔离保护。同时，在资产的打理上可独立设立基金一对一专户资产管理计划或者券商定向资产管理计划，以实现完全按照自己的意愿设计独立的产品，并由专业的基金经理进行投资管理。

针对不同理财目标的三种投资方法

还记得自己理财的目的是什么吗？不妨做一道自测题唤醒一下自己理财的初衷。

自测题

你理财的目的是什么？（可多选）

☐ A. 特定目的的开销，比如计划买房、买车、子女留学、结婚等

☐ B. 预防性保障，比如预防家人不时所需的医药费用或预防失业

☐ C. 为长远计划做储备，比如为自己老年退休生活储备

☐ D. 纯粹追求收益或资产增值

理财的基本目的是通过投资以钱生钱，实现资产增值。但赚钱的终极目的是花钱，最终把钱花掉才能够实现赚钱的价值。这道自测题的四个选项涵盖了绝大多数投资者理财的目的。针对不同的理财目的，可以选择三种不同的投资方法。

目标期限匹配法

自测题的 A 选项是针对某一特定计划进行投资理财，比如购置房产、购置汽车、子女留学或者置办婚事等，这一选项的特点是我们了解使用资金的确切时间，并且对所需资金数额也有确切的要求。这样一来，我们就可以通过目标期限匹配法采取倒推的方法选择合适的投资方式和产品。

比如，当前钱女士手上有 90 万元现金，计划在 3 年后买房，首付款需要 200 万元，这就确定了钱女士理财的时间和收益目标。假设这 200 万元其中的 100 万元来自钱女士这 3 年期间的收入积

累，另外 100 万元需要靠她手头现有的 90 万元本金通过投资增值达到目标，那么钱女士投资的目标就非常清晰了：她需要在 3 年内通过 90 万元本金至少实现 10 万元的收益。

利用复利计算公式，可以轻松得出钱女士投资组合的年化收益率必须大于或等于 3.575%，才有可能在 3 年实现不少于 10 万元的收益。复利的计算可以通过手机 App 或者互联网小程序轻松获得结果。3.575% 的年化收益率可以通过很多 PR2 级别的银行理财产品或者银行大额存单轻松实现。

我们把条件改一下，如果钱女士期初手头只有 80 万元，其他条件不变，那么她就需要在 3 年内通过 80 万元本金至少实现 20 万元的收益。在这种情况下，钱女士投资组合的年化收益率必须大于或等于 7.72%，才有可能在 3 年实现不少于 20 万元的收益。这时，PR2 级别的银行理财产品或者大额存单就没办法满足钱女士的理财需求了，因为这些产品几乎无法达到 7.72% 的年化收益率。钱女士可以选择信托或者“固收 +”产品来实现自己的投资目标。

产品替代法

选择了自测题 B 选项的人，属于具有未雨绸缪眼光的投资者。这并非缺乏安全感的表现，提前对未来生活可能出现的不利因素有所准备，当问题真正出现时就不会手足无措了。

但是，以预防性保障为理财目标的投资者大多比较保守，选择的产品收益率普遍偏低。储备大量理财资金去应对尚未发生的小概率事件，其实并不是解决问题的理想方式。如果家人真的不幸罹患重疾，可能很快就会掏空多年理财的储备。前文提到过，进行一次质子重离子方案的治疗，每名患者平均花费在 31 万元左右。这个金额对于多数家庭而言并非一个小数字，这一治疗方案并不包含在医保范围之内。而如果家人没有遭遇疾病，那么长期将大量资金投资于低风险的产品，将极大地限制收益，从机会成本的角度看，实际上也是一种资金浪费。

产品替代法，是当针对同一问题能够通过更优的产品解决时，我们应该进行产品替代。对于这一类预防性的理财需求，就完全可以用保险来替代。

按照 2020 年保险价格市场水平，为年龄在 30 岁的青年投保 30 万元终身重疾险，选择 20 年年缴计划，每年大约需要 7 500 元保费。30 万元保额虽然不多，却足以应付一次针对癌症的质子重离子治疗。如果选择消费型保险的话，每年只要不到 500 元。所以简单算一笔账就能发现，B 选项的预防性保障完全可以通过保险产品替代。通过投保而解放出来的资金，可以投资于期限更长、预期收益率更高的产品。

风险与收益导向法

自测题的 C 选项，是为长远计划做储备而进行的投资，比如为自己老年退休生活储备。对于类似“养老钱”的投资，有两个核心要素要考虑：第一个核心要素是控制风险，不能等人老了，本金都损失了；第二个核心要素是投资收益率要跑赢通货膨胀率，毕竟长期投资如果不能跑赢通货膨胀，等到用钱的时候资金的购买力就缩水了。除了这两个要素以外，养老投资对投资期限、产品类别等要素其实并不敏感。

我们可以采用风险与收益导向法来配置“养老钱”的投资。我们的要求是“本金保证”+“跑赢通胀”，那么就可以选择PR2~PR3级别的银行理财产品、债券型基金，以及其他以固定收益类为主的各类产品。

自测题的D选项是纯粹追求收益或资产增值，所以获取收益就是理财的终极目的。选择这一选项并不意味着就要选择单纯追求收益最大化的投资方式，而是根据自己的风险承受能力，在自己的投资能力可匹配的前提下，尽可能追求获得更多收益。比如，2015年不少投资者通过配资使用高杠杆资金进入股市，这其中大部分都是在资本市场历练多年的“老手”，他们觉得时机成熟了，要把握当时的行情，实现财务自由。但很遗憾，资本市场因为配资的爆仓快速杀跌，不少投资者在这一轮行情中非但没有实现财务自由，反而损失了多年积累的财富。好在他们其中的大部分投资者是有本职工作的，而且年收入不菲，他们的生活并未因投资失败而受到实质性的重创，可能两三年后，又能够快速积累一笔财富。这就属于具备财富的驾驭能力以及相应的风险承受能力的人。但是也有少数人，要么是对市场不够了解，并不具备相应的投资经验与能力；要么就是对自己的投资能力太过自信，甚至为了增加投入资金抵押了自己住的房子参与投资，最终丢掉了原有的生活。这两种就属于并不具备高风险产品投资能力的人，或者具备投资能力但投资额度超越了自身所能承受的风险范畴的人。

这些方法和道理其实都很简单，相信很多投资者在理财的过程中已经运用了。但是，也有很多投资者在投资的过程中逐渐迷失了自己最初的目标，盲目追求收益，忽略了运用一些方法对自己的投资行为进行约束和管理，导致亏损本金。在理财的过程中，应该时刻记得自己是为了什么而理财，最终希望达到什么样的目的。选择合适的方法，将有助于你更好地实现自己的目标。

行为金融学的四大成果

前景理论、后悔理论、过度反应理论和过度自信理论，是行为金融学的四大研究成果。这四个成果非常有助于投资者在进行理财决策时认清人性可能给决策带来的影响，如果能够正确识别这些情况，将有助于做出更加理性的选择。

前景理论

前景理论认为，个人在投资时，基于参考点的不同，会有不同的风险态度。多数人在面临获利时，是风险厌恶的。比如，眼前有两个方案，选择方案一可直接获得一枚金币；方案二是投掷一枚硬币，如果是正面则可获得两枚金币，如果是反面则不能获得任何金币。通过大量的实证检验，发现选择方案一的人占绝大多数。在这一案例中，方案二的期望收益更高，但因为同时伴有风险，因此人们趋向于选择收益确定的方案一。

而反过来，多数人在面临损失时，则是风险喜好的。还是两个方案，但这次是一个人有两枚属于他自己的金币，选择方案一会直接损失一枚金币；方案二是投掷一枚硬币，如果是正面则损失两枚金币，如果是反面则不损失任何金币。通过实证检验，发现选择方案二的人占绝大多数。在这一案例中，方案二的期望损失更高，但同时有概率豁免损失，人们趋向于选择赌一把，争取豁免损失。

前景理论中的现象在实际理财的过程中也非常显著。在股票市场低迷时，应当买入股票，但多数人往往选择观望，这就是面临获利时的风险厌恶。而在人们持有股票时，股票市场涨到高位并开始下跌，应当卖出股票，多数人却选择持有甚至加仓，比起割肉止损，他们更期待股票能够涨回来，这样自己就不会有实际损失。

后悔理论

后悔理论是在投资过程中，当人们面对错过市场机会时常出现后悔和自责的心理。投资者总是希望自己买在最低点，卖在最高点，如果错过了“最佳时机”，就会非常遗憾和懊悔。现实投资中，“一买就跌，一卖就涨”也是很多股票投资者经常遇到的情况。

为了避免出现后悔心态，投资者会本能地采取各种措施。研究发现，当投资者持有两只股票，一只盈利20%，另一只亏损20%，此时如果投资者需要用钱，必须卖掉其中一只股票，大多数人会卖掉盈利 20% 的那一只股票，而不愿意“割肉”卖出亏损 20% 的那一只。这正是后悔理论作用的结果，因为如果卖掉亏损的股票，会因为自己当初买入时的决策而后悔。然而实际上，盈利的股票后期可能还会有更好的涨幅，卖掉盈利的股票未必就是最优选择。

过度反应理论

理论上，股票的价格应当围绕公司的价值上下波动。但在实际市场中，股票价格未必真实反映了公司的价值，其中一个重要的原因是股价往往会受到各种利好或利空消息的影响，导致价格的波动。而投资者对于信息的解读，往往是过度的。对于价格正处于下跌趋势的股票，投资者往往会对其未来走势更加悲观，觉得价格还要继续跌；而对于价格处于上升趋势的股票，投资者往往会对其未来走势更加乐观，觉得价格还要继续涨。这一心态导致各类信息对股价的影响与作用力会被放大，造成追涨杀跌。

比如一家生产型上市企业，突然遇到厂房失火，被媒体曝光。在信息高度发达的今天，各种图片和视频会迅速传播到每一个投资者的手机上，该公司的股价必然快速下跌。但实际情况可能是着火的仓库中并没有多少存货，或者只是企业 20 多个仓库中的 1 个起火，本身仓库的损失未必有多大，但人们的恐慌反应会放大股票价格下跌的预期，导致“逃跑竞赛”，“跑”得慢的投资者将承担更多的损失，甚至因跌停无法卖出股票。

过度自信理论

人们在投资时，通常会把成功的投资归因于自己的投资水平，而把亏损归结于宏观经济形势不好。这就是过度自信理论。过渡自信不仅存在于投资领域，其实也是一种日常的心理现象。比如，很多摄影爱好者，当自己拍的照片被肯定时，他们多会归因于自己的技术优异；而在别人的作品被肯定时，他们也许会强调是人家设备器材的优势。

过度自信理论会导致人们把自己的一些因为运气而获得的成功投资，看作实力，放大了自己主观决策带来的价值。于是在未来的投资中，人们会变得更加大胆。对于个人投资者而言，过度自信带来的后果往往更加严重，因为很多个人投资者并不善于用投资纪律或者量化模型控制自己的投资。

这四种理论都会在一定程度上影响投资人的决策，然而并没有哪种选择是绝对正确或者错误的，只有时间能够检验决策的正确与否。但是，在资本市场中，能够通过纪律来减少心理因素对投资决策产生的影响，将更有助于控制风险，获得与自己的投资目标相匹配的收益。

DAY 12 精进知识回顾

在理财精进的最后一天，其实我们并没有提供更多的理财产品与技巧，而是分享了有关投资理财的方式与心态。钱是赚出来的，而不是省出来的。大多数普通投资者并不能通过理财获得财务自由，但是理财可以帮助我们守护财富，战胜通货膨胀，达成生活中的一个又一个目标。

无论收入和财富的多少，在理财上遵循的顺序和原则都是一样的。应当优先配置高流动性资产，之后选择低流动性资产；应当优先配置低风险资产，之后选择高风险资产；应当优先配置保险保障类资产，之后选择投资类资产；应当优先保证短期资产，之后选择长期资产。理财资产可分为六大类，按照配置的优先顺序依次为：

- 现金类资产。
- 保险保障类资产。
- 固定收益类资产。
- 权益类资产（二级市场）。
- 房产（投资类）及其他资产（如黄金、收藏品等）。
- 私募股权类资产。

在这本书的最后，需要强调的一点是，我们不应过度沉迷于理财而忽略了当前的生活。老一辈的中国人民勤劳节俭，注重储蓄，舍不得消费，把毕生积蓄留给子孙。这种品质固然可贵，但用经济学的眼光看，却是不理性的。道理很简单，通货膨胀可能吞噬了老人大量的财富，他们辛苦一生，本不该只享受那么少。事实也证明，合理利用贷款，能够使我们提前获得更好的生活。但即便是在物质极大丰富的今天，仍然有很多人陷入过度理财的陷阱，为了在未来享有更多的资产，而忽略了当下的生活。

喜欢理财的人往往都擅长算账。暂且不讨论现金价值与通货膨胀，先对日常购物算一笔账。同一类商品，超市会上架多种不同档次的货物，有价格贵的，也有便宜的。同类商品，质量好的品种会更贵，但是廉价的品种销量更大，这是经济学的规律。贵的商品和廉价商品差别主要体现在哪呢？以香蕉为例，按照 2020 年 3 月的市场价格，从云南、广东、广西、福建等中国香蕉产地的农产品批发价格看，不同品种的香蕉批发价格在 1.2 元 / 斤 ~2.2 元 / 斤，其中较廉价的品种在 1.2 元 / 斤 ~1.8 元 / 斤，中上品在 1.8 元 / 斤 ~2.2 元 / 斤。而产自厄瓜多尔、菲律宾和印度尼西亚的进口香蕉的批发价格通常在 70 元 / 箱 ~92 元 / 箱（一箱净重约 13 公斤），也就是 2.5 元 / 斤 ~3.5 元 / 斤。到达超市后，国产香蕉的售价在 3.9 元 / 斤 ~5.2 元 / 斤，进口香蕉的售价在 6.0 元 / 斤 ~7.2 元 / 斤。我们计算一下各品种香蕉从农产品批发到超市零售的价差：

- 廉价国产香蕉：3.9 元 −1.2 元 =2.7 元。
- 中上品国产香蕉：5.2 元 −2.2 元 =3.0 元。
- 廉价进口香蕉：6.0 元 −2.5 元 =3.5 元。
- 高价进口香蕉：7.2 元 −3.5 元 =3.7 元。

如果我们把批发价当作香蕉本身的生产成本，而超市零售价和批发价之间的差额，是用于商品运输以及销售服务的费用。不难发现，不同种类的香蕉在运输和销售上的费用，其实差别并不大。这也很好理解，运输和销售同一类商品，本身成本就没有差别。但是，消费者真正消费的，其实是香蕉本身，商品运输以及销售服务只是消费者为了获得商品不得不额外承担的费用。我们用商品的生产成本除以消费者承担的最终价格，就能得到消费者真正享受到的商品价值与为之付出的总价格的比率，也可以理解为商品的“性价比”：

- 廉价国产香蕉：1.2 元 /3.9 元 =30.77%。
- 中上品国产香蕉：2.2 元 /5.2 元 =42.31%。
- 廉价进口香蕉：2.5 元 /6.0 元 =41.66%。
- 高价进口香蕉：3.5 元 /7.2 元 =48.61%。

我们得到了非常有趣的结果，那就是质量越好的香蕉，性价比越高；而越廉价的香蕉，性价比越低。最廉价的国产香蕉，你只吃到了 30.77% 的价值；而最贵的进口香蕉，你可以享受到 48.61% 的价值。这样的例子举不胜举，有兴趣的朋友可以到市场上看看其他商品的价格情况，也会发现类似的结果。

但是，很多人的意识里，往往是廉价的东西性价比更高，贵的东西性价比更低。这个认识其实是错误的。道理非常清楚：运输和销售同类产品的费用基本相同，产品本身的生产成本越低，那么运输和销售费用所占商品价格的比例就越高。因此，消费者买了便宜的商品，其实把大部分价格都花在运输和销售上了。但有两个因素决定了廉价商品反而会有更大量的需求，一是主观上人们认为廉价的商品性价比更高；二是客观上受到收入条件的影响，一些消费者无法负担太昂贵的商品。

这个例子告诉我们，廉价商品其实是一种不理性的选择，应该在自己能够负担的范围内，尽量选择价格更高、质量更优的商品。但是要注意，这一规律只适用于日常用品，奢侈品则会呈现出相反的情况，比如功能与材质相似的皮包，一个普通品牌的可能只要 300 元，而香奈儿等国际一线品牌皮包的价格能高达 3 万元，爱马仕等超一线品牌更是能高达 30 万元。

回到理财的话题上，理财是为了更好生活，而有很多人却为了理财而牺牲当前的生活。这是一个在“当前”与“未来”之间进行选择的博弈，“当前”与“未来”的最优配比，只有每个人自己才能给出理想的答案。

理财的路上，在眺望美好的远方时，也要看看脚下的路。珍惜当下，有时比憧憬未来更容易获得幸福。在当下给自己和家人消费一些质量更好的日常用品，其实能够立即提高生活质量，又为什么还要等待明天呢？

让我们一起享受理财，拥抱生活。

后记

2019年年底原本有几篇理财文章的约稿，因工作繁忙一直没有时间完成，已经拖了许久，终于能利用春节假期完稿。难得抽身出来整理思路，忽然想起在前一年曾与中信出版·墨菲的许志老师畅聊过理财类书籍的话题，对照了一下自己刚刚完成的几篇文章，忽然发现，这不就是当时谈及的内容吗？于是便有了利用春节撰写本书的念头。后因居家隔离等原因，也为本书的完成提供了一些时间。

2020年发生的很多事情让人们发现了理财和保险的重要性，在意外来临时，是否有足够的现金流支持自己和家庭渡过难关？是否已经为自己和家人配置了适当的保险来对冲突如其来的风险？是否有除了主业收入之外的资产收益（例如房产出租）在主业停摆时提供进项支撑？希望这本书能够为你的资产配置提供有用的建议。

这本书试图从方方面面把投资理财这件事讲清楚，但在结尾的后记中，我想说，在生活中其实还有很多事情比理财更加重要。比如投资健康、投资知识、投资家庭、投资心性。很多时候，财富并不能给人们带来真正的幸福，富人的苦恼并不会因为财富的增加而减少。相反地，很多富人往往承担了更多的责任与压力，他们的幸福并没有与他们所驾驭的财富成正比。

理财是为了更好地生活。只有不忘初心，才能拥抱真正的幸福。

假日期间撰写，难免仓促，书中诸多不足之处，望读者朋友海涵指正。

铭辉

庚子年春于福州